《시간 최소화 성과 최대화 법칙》을 먼저 읽은 독자들의 메시지

한빛비즈 코리딩 클럽(Co-reading Club)은 출간 전 원고를 '함께 읽고' 출간 과정을 함께하는 활동입니다.
이번 코리딩 클럽 멤버들은 이 책을 먼저 읽고 편집과 디자인, 마케팅에 많은 아이디어를 주었습니다. 코리딩 클럽 4호 멤버 여러분의 아낌없는 도움에 감사의 마음을 전하며,《시간 최소화 성과 최대화 법칙》에 남긴 그분들의 소감을 소개합니다.

잘못 들인 일머리 버릇 고치기에 딱 좋은 책!
챕터마다 내용이 간결하며 이미지를 잘 써서 보기 좋았다. 책 내용은 원칙을 담은 만큼 보편적이며 기술서만큼 실용적이다. 10분 내 적용 가능한 지점을 담았다.

_Alex

이 책을 읽고 머리가 탁 트이는 느낌이었다.
'실행하지 않는 것도 죄'라며 당장 일어나 실천하게 했다. 나와 같은 사회 초년생들에게 추천해주고 싶다.

_이슬비

매일 해오던 일처리 방식을 돌아보고 체크하는 좋은 기회였다.
현재 조직관리에서 아무런 문제가 없는 분께 권한다. 지금이 바로 목표를 확인할 때다.

_정병섭

역발상을 담고 있어서 생각의 폭을 넓혀준다.
성과를 내기 위해서는 의욕이 아니라 문제를 풀어가는 남다른 사고 알고리즘이 필요하다는 것을 일깨워줬다. 성과를 만들어 내는 다양한 생각 법칙을 알 수 있어 좋았다.

_전준규(나그네72)

일 잘하는 사람들은 나와 사고체계 자체가 다르다는 것을 알게 됐다.
나도 이제 알게 되었으니 내년 고가는 달라지겠지? 짬짬이 읽기 좋고 차례를 왔다 갔다 하며 읽을 수 있어 좋다.

_다다엄마

내가 일하는 방식이 어떤가를 돌아보는 좋은 계기가 되었다.
반복되는 일로 매너리즘에 빠졌다면 이 책이 리프레시의 기회가 될 거라고 생각한다.

_남쪽책순이

사무직인 나의 마인드셋에도 유익한 변화를 주었다.
직장에서 성과가 나지 않아 고전하는 사람들에게 추천하고 싶다. 직장인들이 바로 적용할 수 있을 만큼 매우 실리적이고 즉각적이다.

_강종선

재미있는 에피소드가 다양하다.
에피소드 안에 마치 후배에게 들려주는 듯한 선배의 멋진 인생 노하우가 녹아 있다. 기존에 가지고 있던 알고리즘을 포맷하고 새로운 알고리즘을 설치하는 과정이 필요하다는 내용에 공감이 되었다.

_나나샌드

직장인, 사무직, 그리고 전문직이 이 책을 봐야 한다.
업무에 바로 적용할 수 있는 내용이 가득 들어있다는 점에서 정말 유익했다.

_서원준

자기계발과 성과 향상 모두를 달성할 수 있는 책!
효율적인 업무 방식을 위한 사고 개선 과정이 인상적이었다.

_합격의 기운

시간 최소화 성과 최대화 법칙

옮긴이 류두진

서울외국어대학원대학교 통역번역대학원 한일과를 졸업했다. 바른번역 아카데미에서 일어 출판번역 과정 수료 후 소속 번역가로 활동 중이다. 옮긴 책으로는 《손목시계의 교양》, 《세상에서 가장 쉬운 테크놀로지 수업》, 《잡담의 힘》, 《클린》, 《아마존처럼 회의하라》, 《모빌리티 3.0》, 《리더는 칭찬하지 않는다》, 《도전과 진화의 경영》, 《아마존 뱅크가 온다》, 《테크놀로지 지정학》, 《2022 누가 자동차 산업을 지배하는가?》, 《나이를 잊게 하는 배움의 즐거움》, 《어쩐지 더 피곤한 것 같더라니》, 《뭐든 시작하면 어떻게든 된다》, 《문과생을 위한 이과 센스》, 《어쩌지 아재》, 《진심으로 산다》, 《7번 읽기 공부법》 등이 있다.

시간 최소화 성과 최대화 법칙

초판 1쇄 발행 2023년 12월 1일

지은이 기노시타 가쓰히사 / **옮긴이** 류두진

펴낸이 조기흠
책임편집 유지윤 / **기획편집** 박의성, 이지은, 전세정
마케팅 정재훈, 박태규, 김선영, 홍태형, 임은희, 김예인 / **제작** 박성우, 김정우
교정교열 김순영 / **디자인** mallybook

펴낸곳 한빛비즈(주) / **주소** 서울시 서대문구 연희로2길 62 4층
전화 02-325-5506 / **팩스** 02-326-1566
등록 2008년 1월 14일 제 25100-2017-000062호

ISBN 979-11-5784-711-2 13320

이 책에 대한 의견이나 오탈자 및 잘못된 내용에 대한 수정 정보는 한빛비즈의 홈페이지나
이메일(hanbitbiz@hanbit.co.kr)로 알려주십시오. 잘못된 책은 구입하신 서점에서 교환해드립니다.
책값은 뒤표지에 표시되어 있습니다.

⌂ hanbitbiz.com 🄵 facebook.com/hanbitbiz 🄽 post.naver.com/hanbit_biz
▶ youtube.com/한빛비즈 🄾 instagram.com/hanbitbiz

지금 하지 않으면 할 수 없는 일이 있습니다.
책으로 펴내고 싶은 아이디어나 원고를 메일(hanbitbiz@hanbit.co.kr)로 보내주세요.
한빛비즈는 여러분의 소중한 경험과 지식을 기다리고 있습니다.

시간 최소화
성과 최대화 법칙

MINIMIZE TIME

MAXIMIZE
PERFORMANCE

성 과 가 1 5 0 배 폭 발 하 는 사 고 알 고 리 즘

기노시타 가쓰히사 지음

류두진 옮김

 한빛비즈
Hanbit Biz, Inc.

하루에 하나씩 45일 만에 마스터하는
최소 시간으로 최대 성과 내는 법

★ 바로 성과가 나오는 법칙
(＊ 신입용 법칙)

★★ 변화를 이끌어내는 법칙
(＊ 팀장용 법칙)

★★★ 큰 성과를 만드는 법칙
(＊ 임원용 법칙)

★
1 퍼뜩 냉큼의 법칙

★
2 생각 미루지 않기

★
3 업무 우선순위 조율법

★
4 마감은 절대 사수

★
5 10전 1필승의 법칙

★★
6 기회는 무궁무진

★★
7 때마침이 아닌 항상

★★
8 귀찮은 일은 내가

★★★
9 고객의 눈높이에서

★★
10 제대로 일 맡기는 법

★★
11 원인과 목적 사고법

★★
12 목표를 절대 잊지 마라

★★
13 쉽게 쉽게 일한다

★★★
14 백지 초기화 사고법

★★★
15 무기 교체의 전략

★★
16 목표 수치화 법칙

★★
17 100퍼센트 목표 달성법

★★
18 성공 확률 계산법

★★
19 한계 극복의 비밀

★★
20 세 가지 결핍적 단점

★★
21 '조하리의 창' 활용법

22 어쩔 수 없는 일은 없다

23 체크 시트 활용법

24 반대 의견도 참고하기

25 긍정 이미지 트레이닝

26 아이디어는 시작일 뿐

27 원격근무의 장단점

28 사내 인맥 자산 구축법

29 불확실성을 다루는 법

30 직감을 숫자로 바꾸는 법

31 한시간 안에 답을 찾는 법

32 성공 확률 70퍼센트 룰

33 연차별 성장 공식

34 20퍼센트의 탁월함

35 '지금이 기회'라는 함정

36 철저한 조사만이 살길

37 후천적 리더의 성공법

38 성공 DNA를 복제하라

39 나를 버릴 용기

40 일류를 알아보는 눈

41 예의 바르게 인사부터

42 끼리끼리는 과학

43 호불호 7 대 3의 법칙

44 돈으로 행복을 사는 법

45 행복은 지금 여기에

여러분은 바로 성과를 내고 싶습니까?

★ **신입용 법칙 – 바로 성과가 나오는 법칙**

Day1 →	Day2 →	Day3 →	Day4 →	Day5 →	Day6 →	Day7 →	Day8 →	Day9
1	2	3	5	8	16	20	22	24
퍼뜩 냉큼의 법칙	생각 미루지 않기	업무 우선순위 조율법	10전 1필승의 법칙	귀찮은 일은 내가	목표 수치화 법칙	세 가지 결핍적 단점	어쩔 수 없는 일은 없다	반대 의견도 참고하기

★★ **팀장용 법칙 – 변화를 이끌어내는 법칙**

Day1 →	Day2 →	Day3 →	Day4 →	Day5 →	Day6 →	Day7 →	Day8 →	Day9
4	6	7	11	12	13	17	18	21
마감은 절대 사수	기회는 무궁무진	때마침이 아닌 항상	원인과 목적 사고법	목표를 절대 잊지 마라	쉽게 쉽게 일한다	100퍼센트 목표 달성법	성공 확률 계산법	'조하리의 창' 활용법

★★★ **임원용 법칙 – 큰 성과를 만드는 법칙**

Day1 →	Day2 →	Day3 →	Day4 →	Day5 →	Day6 →	Day7 →	Day8 →	Day9
9	10	14	15	19	29	30	31	35
고객의 눈높이에서	제대로 일 맡기는 법	백지 초기화 사고법	무기 교체의 전략	한계 극복의 비밀	불확실성을 다루는 법	직감을 숫자로 바꾸는 법	한 시간 안에 답을 찾는 법	'지금이 기회'라는 함정

▶ 관심 가는 부분부터 골라 읽어도 OK!

아니면 커다란 성과를 내고 싶습니까?

Day10 →	Day11 →	Day12 →	Day13 →	Day14 →	Day15 →	Day16 →	Day17 →	Day18
25	27	34	36	39	40	41	43	44
긍정 이미지 트레이닝	원격근무의 장단점	20퍼센트의 탁월함	철저한 조사만이 살길	나를 버릴 용기	일류를 알아보는 눈	예의 바르게 인사부터	호불호 7대 3의 법칙	돈으로 행복을 사는 법

Day10 →	Day11 →	Day12 →	Day13 →	Day14 →	Day15
23	26	28	32	33	42
체크 시트 활용법	아이디어는 시작일 뿐	사내 인맥 자산 구축법	성공 확률 70퍼센트 룰	연차별 성장 공식	끼리끼리는 과학

JUMP!

Day10 →	Day11 →	Day12
37	38	45
후천적 리더의 성공법	성공 DNA를 복제하라	행복은 지금 여기에

STEP!

HOP!

Results

도움닫기, 발 구르기, 도약하기로 사고 알고리즘을 완전히 새롭게!

성과를 빠르고 지속적으로 내는 황금 법칙

아마도 여러분은 책의 제목처럼 '최대한 짧은 시간에 최고의 성과를 올리고 싶어서' 이 책을 펼쳤을 것이다. 그렇다면 성과를 빠르게 올리는 데 필요한 것은 과연 무엇일까? 한 유명 컨설팅 회사에서 직장인으로서 성공한 사람과 그렇지 않은 사람의 차이점을 조사했는데, 사회인이 되고 나서 만난 첫 상사가 어떤 사람이고 상사에게 어떻게 배웠는지가 그들의 성공 여부에 가장 큰 영향을 미치는 것으로 나타났다.

실제로 신입사원은 상사로부터 업무를 하나하나 구체적으로 배운다. '이것을 먼저 하고 저것은 나중에' 한다거나 '이럴 때는 이렇게' 하라고 배우면서 업무의 우선순위와 방식을 습득한다. 그렇다 보니 일을 잘 가르치는 상사를 만나면 행운이지만 그렇지 않은 상사를 만나면 비극이다. 잘 가르치는 상사로부터는 '성과가 오르는 업무 방식'을 배우지만, 그렇지 않은 상사로부터는 '아무리 해도 성과가 오르지 않는 업무 방식'을 물려받기 때문이다. 따라서 회사에서 처음 만난 상사의 역량에 따라 여러분의 성공 여부가 갈린다고 해도 과언이 아니다.

그렇다면 성과가 오르는 업무 방식이란 무엇일까? 업무 절차나 스킬에 관한 것일까? 대체 어떤 업무 방식이기에 그렇게 커다란 차이로 이어지는 걸까?

세상에는 연봉 3,000만 원을 받는 사람도 있고, 3억 원을 받는 사람도 있다. 한 회사에서 똑같이 영업 업무를 해도 연간 1억 원의 매출을 올리는 사람이 있는가 하면, 100억 원의 매출을 올리는 사람도 있다. 같은 회사에 함께 입사했는데 그렇게 큰 차이가 나는 이유는 무엇일까? 나는 바로 이 현상에 주목했다. 사람에 따라 성과가 10배, 100배 이상 차이가 나는 이유가 무엇인지, 생각만큼 성과를 올리지 못하는 사람들은 무엇이 부족한 것인지 조사해 밝히고자 했다.

조사에 따르면 성과를 올리지 못하는 사람은 그 이유를 '스킬 부족'으로 봤다. 그들은 오로지 업무 스킬을 향상시키는 데 필사적이었다. 혹시 지금 여러분이 그러고 있지는 않은가? 하지만 20년 이상 경영의 최전방에서 직원과 리더들을 지도하며 알게 된 사실을 말하자면, 성과는 스킬에서만 나오는 것이 아니다. 일에 대한 생각과 태도, 즉 '사고 알고리즘'에 따라 여러분의 성과가 달라진다.

성과 = 스킬 × 사고 알고리즘

사실 스킬은 아무리 갈고닦아도 초보와 베테랑의 차이는 1 대 3으로, 세 배 정도밖에 차이가 나지 않는다. 신입사원이 열심히 노력해서 팀장급이 된다고 해도 스킬은 처음보다 세 배 더 나은 수준이라는 것이다. 그렇다면 신입사원보다 100배의 성과를 내는 사람은 도대체 어떻게 하는 것일까? 답은 사고 알고리즘에 있다. 초보와 베테랑의 사고 알고리즘 차이는 50배 이상이다. 여기에 베테랑의 스킬을 익히면 초보자보다 150배 더 높은 성과를 낼 수 있다.

이 책을 통해 내가 여러분에게 전하고자 하는 것은 단시간에 성과를 올리는 황금 법칙이다. 즉 여러분이 처음 만난 상사에게 주입받은 사고 알고리즘을 더 발전시키거나 새로 장착해서 여러분을 어딜 가나 인정받는 뛰어난 사람으로 변신시키기 위해 이 책을 썼다.

2000년에 나는 오사카의 아파트에서 겨우 1만 엔(약 9만 원)의 자본금으로 홋카이도 특산품 쇼핑몰 사업을 시작했다. 그리고 2002년에 주식회사 기타노다쓰진코퍼레이션(당시 사명은 주식회사 홋카이도.CO.JP다)으로 법인화했다. 현재는 건강식품과 화장품을 자체 브랜드로 개발하고 인터넷을 통해 판매하는 사업을 하고 있다.

자본금 1만 엔으로 시작한 사업은 15년 후 도쿄증시 1부(현 도쿄증시 프라임. 한국의 코스피 시장에 해당한다 ―옮긴이)에 상장했다. 시가총액이 가장 높을 때는 1,000억 엔(약 9,000억 원)을 넘었다. 우리 회사의 직원 1인당 이익은 도요타자동차, NTT, 미쓰비시UFJ파이낸셜그룹보다 높은 2,332만 엔(약 2억 1,068만 원)이다(2019년 12월~2020년 11월 도쿄증시 1부 상장기업 유가증권 보고서를 토대로 조사한 것이다). 코로나19로 조금 내려가기는 했어도 영업이익률은 21.9퍼센트다(2022년 2월). 이는 전체 업종 가운데서도 상당히 높은 부류에 들어간다.

겨우 1만 엔으로 혼자서 창업했던 회사가 어떻게 이렇게까지 성장했을까? 우리 회사 직원들은 어떻게 글로벌 기업 못지않은 생산성을 발휘하는 것일까? 그 비결은 단시간에 성과를 계속 올리는 황금 법칙인 '성과=스킬×사고 알고리즘'에 있다.

원래 알고리즘이란 프로그래밍 용어로 '문제를 푸는 순서 또는 방법'을 말한다. 대부분 문제는 알고리즘을 활용하면 보다 효율적으로 풀 수 있다. 다만 똑같은 문제를 컴퓨터가 풀게 하더라도 효율적인 알고리즘을 사용하는 것과 그렇지 않은 알고리즘을 사용하는 것은 압도적인 차이를 만든다. 그리고 이는 업무도 마찬가지다.

사실 이 책의 주제인 사고 알고리즘은 이미 여러분의 머릿속에 있다. 사고 알고리즘은 내가 만든 말로, '사고방식의 습관'이라고 바꿔 말하면 쉽게 이해될 것이다. 습관은 누구에게나 있지만 사고방식은 사람마다 다르다. 특히 어려움에 직면했을 때 대처법은 사람마다 다르다. '이건 어쩔 수 없다. 뭘 해도 소용없다'라고 생각하는 사람이 있는가 하면, '이걸 해결하려면 어떻게 해야 좋을까? 해봐야 소용없을지도 모르지만 해보자'라고 생각하는 사람도 있다.

전자는 시도하지 않으니 문제를 해결할 가능성이 0퍼센트지만 후자는 다만 몇 퍼센트라도 해결할 수 있는 가능성이 있다. 중요한 사실은 문제가 발생했을 때 그날그날 내렸던 판단이 쌓이고 쌓여 성과를 크게 좌우한다는 사실이다. 후자의 성공률을 10퍼센트라고 했을 때, 똑같은 일이 10번 일어난다면 스킬이 같다고 해도 전자는 아무것도 달성하지 못하지만 후자는 적어도 하나쯤은 성과를 낸다. 즉 같은 스킬이라도 성과가 오르는 사고방식 습관과 오르지 않는 사고방식 습관이 확실히 존재한다는 뜻이다.

하지만 '사고방식의 습관을 바꾸자'라는 말을 아무리 듣는다고 해도 사고방식의 습관은 자각할 수조차 없다. 자각할 수 없는 것은 당연히 바꿀 수도 없다. 사실 사고방식의 습관은 힘들여 바꾸지 않아도 된다. 노력해서 갈고닦지 않아도 된다. 다만 새롭게 장착하면 되는 것이다. 컴퓨터의 OS처럼 여러분의 뇌에 '올바른 사고 알고리즘'을 장착하면 누구나 단시간에 성과를 올릴 수 있다(그림 1).

이 책은 직장에서 여러분에게 어떤 일이 생겨도 대응할 수 있는 무기를 전수한다. 우리 회사 직원들은 정기적으로 내가 강의하는 '사고 알고리즘 연수'를 받는데, 이것은 성공한 사람들의 가르침이나 현장 경험을 통해 법칙으로 정립한 '최단 기간에 최대 성과를 올리는 사고 알고리즘'이다.

이 책에서는 이 연수에서 특히 반응이 좋고 실천 가능한 포인트를 45가지를 정리했다. 하루에 법칙 하나씩 매일 장착하면 약

그림 1 올바른 사고 알고리즘을 장착하기 전과 장착한 후

BEFORE

성과가 오르지 않는 사고 알고리즘으로 판단한다

예) A의 경우는 '1', B의 경우는 '2'로 판단

성과가 오르는 사고 알고리즘을
하루에 하나씩 장착한다

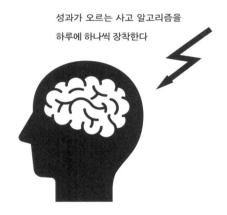

AFTER

성과가 오르는 사고 알고리즘으로 판단하게 된다

예) A의 경우는 '5', B의 경우는 '6'으로 판단

인생이 극적으로 변화한다!

한 달 반(45일) 만에 여러분의 뇌는 새롭게 바뀔 것이다. 또한 6~7쪽에 '★ 바로 성과가 나오는 법칙(신입용 사고 알고리즘)', '★★ 변화를 이끌어내는 법칙(팀장용 사고 알고리즘)', '★★★ 큰 성과를 만드는 법칙(임원용 사고 알고리즘)'의 로드맵을 수록했다. 이를 따라 읽고 자신에게 적용한다면 도움닫기hop, 발 구르기step, 도약하기jump와 같은 순서로 사고 알고리즘이 완전히 새로워지게끔 구성되어 있다. 처음부터 읽어도 좋고, 관심이 가는 부분부터 골라 읽어도 좋다.

나는 대학을 졸업하고 주식회사 리크루트에 입사해 영업사원으로 일했고, 몇몇 아르바이트와 기업을 거쳐 나중에 혼자 창업했다. 그래서 일반 직원의 심정, 아르바이트생의 심정, 관리자의 심정, 사업가나 창업가의 심정을 잘 안다. 누가 어디서 어떻게 좌절하는지도 너무나 잘 안다.

또한 나는 창업하자마자 사기를 당해 무일푼이 되기도 했다. 하지만 그 일을 계기로 사상 첫 4년 연속 상장도 달성했다. 일본에는 손수 창업해서 도쿄증시 프라임 상장기업으로 키워내고도 아직 사장으로 있는 사람이 약 120명이 있는데, 나도 그중 한 명이 되었다. 현재도 비즈니스의 최전방에서 사장이자 현역 마케터로서 고객과 직원들을 마주한다. 그래서 이 책이 신입사원과 팀

장뿐 아니라 임원과 사장, 경영자 등 모든 사람에게 도움이 되리라 확신한다.

이제까지는 직장에서 훌륭한 상사를 만난 사람만이 성과를 올릴 수 있었다. 그러나 앞으로는 상사의 성격이나 역량과 관계없이 성과를 내는 사고 알고리즘을 장착하면 누구나 성과를 계속 올릴 수 있다. 이 성과를 '계속' 올리는 것이 핵심이다. 한 번, 1개월, 1년만 올리는 것은 의미가 없다.

세계적으로 SDGs^Sustainable Development Goals(지속 가능 발전 목표)가 화두가 된 지금, 개인과 기업 모두 오래도록 활동하는 것이 중요하다. 다만 그러기가 쉽지는 않다. 스타트업 회사가 10년 동안 생존할 비율은 매우 낮다. 나날이 복잡해지는 현대 사회에서는 성과를 계속 올리던 사람이 어느 날 갑자기 번아웃에 빠지는 경우도 적지 않다.

이런 시대적 흐름을 고려해 이 책에서는 정신력이나 근성으로 성과를 올리는 노하우를 담지는 않았다. 그보다는 어떻게 하면 의욕에 의존하지 않고 즐기면서 성과를 계속해서 올릴 수 있을지에 중점을 두었다. 페이지를 훌훌 넘겨 보고, 나중에 재미있었던 부분을 퍼뜩 떠올려 냉큼 행동하면 '퍼뜩 냉큼의 법칙(1장에서 설명한다)'이 가동해 여러분을 강력하게 지원해줄 것이다.

이 책의 법칙을 하나라도 많이 실행할수록 여러분의 인생은 크게 달라질 것임을 약속한다. 이 책이 자신감을 가지고 인생을 거는 출발점이 된다면 바랄 게 없겠다.

　전체 구성은 다음과 같다. 1장에서는 '실행력 높은 사람의 사고 알고리즘'을 소개한다. 무슨 일이든 즉시 실행하면 성과가 오르고 도전 횟수도 늘어난다. 실행력 높은 사람이 어떻게 모든 것을 손에 넣는지를 실감할 것이다.

　2장에서는 '목표를 이루는 사람의 사고 알고리즘'을 이야기한다. 항상 목표를 빠르게 달성하는 사람과, 달성할 때도 있고 아닐 때도 있는 사람은 애초에 사고방식이 다르다. 중요하면서 급한 안건이 여러 가지 있을 때 우선순위는 어떻게 판단해야 할까? 의욕에 의존하지 않고 사고방식의 습관을 바꾸는 방법을 소개한다.

　3장에서는 '실수하지 않는 사람의 사고 알고리즘'을 다룬다. 사실 여러분은 성과를 계속 올리는 능력이 이미 있다. 하지만 동시에 극단적으로 성과를 방해하는 결핍과 단점도 가지고 있다. 이것이 하나라도 있으면 아무리 훌륭한 사고방식 습관을 설치해도 쓸모가 없다(겁먹으라고 하는 말이 아니라 실제로 그렇다). 하지만 여러분을 붙잡은 단 하나의 족쇄를 풀어내기만 하면 순식간에 성과를 계속 올리는 사람으로 다시 태어날 수 있다.

　4장에서는 '스스로 판단하는 사람의 사고 알고리즘'을 소개한다. 우리 인류가 정답이 없는 시대에 돌입한 지는 이미 오래되었다. 이런 시대에 인간은 두 종류로 나뉘는데, 바로 '스스로 문제를 발견하고 풀 수 있는 사람'과 '누군가가 풀어낸 답을 따르는 사람'이다. 최소의 시간에 최대의 성과를 낼 수 있는 사람이란 스스로 문제를 발견하고 풀 수 있는, 판단력 있는 사람이다. 그들은 평소에 무엇을 생각하고 있으며 어떤 행동을 할까? 어떤 방법론을 사용하고 있을까? 이 장에서는 그들의 행동을 구체적으로 소개한다.

5장에서는 '성공한 사람의 기본 사고 알고리즘'을 전한다. 코로나19 이후 세상은 크게 달라졌다. 인터넷을 통해 무엇을 보고 누구와 교류하며 어떤 대화를 나누는지에 따라 성과가 크게 달라진다. 이제는 평범한 사람이나 성과를 계속 올릴 수 있는 사람이나 별 차이가 없다. 그야말로 공평한 환경으로 확 바뀐 것이다.

그런데 다들 이 사실을 깨닫지 못하고 있다. 성공한 사람의 사고 알고리즘을 한시라도 빨리 복사한 사람만이 앞서갈 수 있다. 성공한 사람은 무의식 수준에서 즉시 행동으로 옮기고 성과를 계속 올린다. 이 장을 통해 성공한 사람의 사고 알고리즘을 확실하게 복사한다면 여러분의 인생도 크게 달라질 것이다.

마지막으로 왜 이 책을 썼는가에 대해 말하고 싶다. 평소에 나는 매일매일 생각나는 것을 트위터(현 엑스, X)에 올리고 있었는데, 많은 직장인이 호응해주면서 팔로워가 늘었다. 이를 계기로 내 경영 기법을 정리한 첫 책《매출 최소화 이익 최대화》를 냈고 다행히 이 책이 많은 이에게 반향을 일으켰다. '이 책에 적혀 있는 것을 실행하기만 했는데 연간 이익이 6억 엔 늘었다', '이 책대로 했더니 순자산이 세 배가 되었다' 등 여러 호평이 이어졌다. 그리고 트위터(엑스)에서 '기노시타 씨의 사고 알고리즘을 알고 싶다'라는 요청을 많이 받았다.

이번에 그분들에게 감사하는 마음을 담아 지금 내가 드릴 수 있는 최선의 대답을 아낌없이 이 책에 수록하고자 했다. 안심하길 바란다. 방법론에 관한 많은 책이 그렇듯 억지스러운 정신론은 넣지 않았으며, 느슨함과 강인함의 미묘한 균형을 튜닝했다. 새로운 사고방식의 습관이 자동으로 만들어지도록 말이다. 몇 시간 후 여러분의 성장한 모습을 생생하게 떠올려보며 편안하게 읽으면 된다.

여러분은 반드시 달라질 수 있다. 아니, 달라지려고 하지 않아도 저절로 달라져 있을 것이다. 부디 즐겨주길 바란다.

기노시타 가쓰히사
기타노다쓰진코퍼레이션 대표이사 사장

차례

3장

실수하지 않는 사람의
사고 알고리즘

4장

스스로 판단하는 사람의
사고 알고리즘

5장

성공한 사람의
기본 사고 알고리즘

◆

실행하지 못해서 성공하지 못했음을 깨달았지만 나는 여전히 '너무 바빠서' 실행하지
못했다. 하지만 잘 생각해보면 나보다는 사장이 훨씬 더 바쁘다. 그래서 성공한
사장들에게 어떻게 그렇게 빨리 실행할 수 있는지 물어보았다. "퍼뜩 생각났을 때 냉큼
하는 겁니다. 당신과 이야기하다 보면 그런 걸 했을 때 재미있을 것 같거든요. 당신이
돌아가자마자 그걸 해봅니다. 그게 다예요."

1장

실행력 높은 사람의
사고 알고리즘

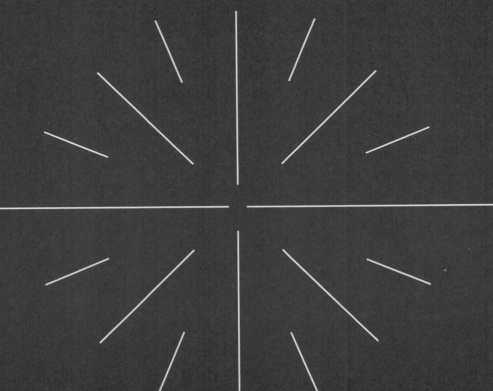

10배 더 행동하게 만드는
퍼뜩 냉큼의
법칙

당신이 성과를 내지 못하는 결정적 이유
성공하는 사람의 비밀
10배의 성과를 내는 '퍼뜩 냉큼의 법칙'
나를 바꾼 사고 알고리즘의 놀라운 힘
'성과=스킬×사고 알고리즘'의 황금 법칙

당신이 성과를 내지 못하는 결정적 이유

우리는 모두 자기만의 고유한 무기, 즉 장점이 있다. 저마다 잘하는 것을 가지고 태어났지만 그렇다고 해서 모든 재주가 성과로 이어지진 않는다. 왜 그럴까? 아마 많은 사람이 고민하는 문제일 것이다. 사실 거기에는 명쾌한 이유가 있다. 성과가 나지 않는 사람은 장점이나 능력이 없어서 그런 것이 아니다. 비유하자면 발이 빠른 주자의 양발에 '족쇄' 같은 것이 채워져 있기 때문이다. 족쇄에 묶여 있다 보니 자신의 무기나 보물이 있어도 활용하지 못하고 썩히는 것이다. 정말이지 안타까운 일이다. 하지만 그렇

다는 건 족쇄만 풀어내면 곧바로 커다란 성과를 올릴 수 있다는
말이기도 하다.

성공하는 사람의 비밀

실제로 나는 족쇄를 풀어냈던 경험이 있다. 바로 '실행력 높은 사
람의 사고 알고리즘'을 알게 되면서였다.

대학 졸업 후 리크루트의 오사카 난바 영업소에서 구인 잡지의
광고 영업을 하던 무렵의 이야기다. 당시 나는 우수 사원은 아니
었다. 나쁘게 말하면, 머리에 든 것만 많았지 할 줄 아는 것은 별로
없었다. 세미나에 참가하거나 비즈니스 서적을 독파하는 등 머릿
속에 많은 비즈니스 지식을 욱여넣었고, 업무상 경영자 수백 명
과 이야기를 나누며 스스로 그들과 대등하다고 여겼다. 한 기업
의 대표라고 해도 생각하는 건 나와 별반 다르지 않다고, 그들에
게 배울 만한 건 별로 없다고 생각했다.

하지만 이는 커다란 착각이었다. 당시 내가 그들과 같은 단어
를 쓰며 같은 이야기를 할 수 있었을지는 모르지만, 그들과 나의
입장은 완전히 달랐다. 그들은 성공한 사장이었고, 나는 아무것
도 이루지 못한 평사원이었다. 이 차이는 어디서 오는 걸까?

언젠가부터 나는 그들과 내가 말하는 내용은 같지만 실행으

로 옮기는 비율이 전혀 다르다는 점을 깨달았다. 거래 미팅 중에 "이런 걸 해보면 재미있겠네요"라며 분위기가 달아오를 때도 나는 말만 할 뿐이지 아무것도 해보지 않았다. 그런데 함께 미팅했던 사장들은 다음에 만났을 때 그때 말했던 일을 실제로 해보고선 "당신이 낸 아이디어 중 이건 좋았는데 저건 영 아니었어요"라고 말했다.

나는 깨달았다. 세상에는 세 종류의 사람이 있다. 성공하는 사람, 성공할 것 같으면서도 못하는 사람, 성공하지 못하는 사람이다. 그중 '성공할 것 같으면서도 못하는 사람'은 말하는 내용은 '성공하는 사람'과 같지만 행동은 '성공하지 못하는 사람'과 같다. 아무리 멋지고 훌륭한 생각을 말해봐야 실행하지 않으면 성과가 날 리 없다.

내가 바로 그랬다. 성공한 사람은 아이디어를 10가지 떠올렸다면 10가지 모두를 실행했다. 나는 10가지를 떠올렸어도 고작 한 가지밖에 실행하지 않았다. 이것이 당시 내 약점이었다.

10배의 성과를 내는 '퍼뜩 냉큼의 법칙'

실행하지 못해서 성공하지 못했음을 깨달았지만 나는 여전히 '너무 바빠서' 실행하지 못했다. 하지만 잘 생각해보면 나보다는 사장이 훨씬 더 바쁘다. 그래서 성공한 사장들에게 어떻게 그렇게 빨리 실행할 수 있는지 물어보았다.

"퍼뜩 생각났을 때 냉큼 하는 겁니다. 당신과 이야기하다 보면 그런 걸 했을 때 재미있을 것 같거든요. 당신이 돌아가자마자 그걸 해봅니다. 그게 다예요."

이것이 내 책 《매출 최소화 이익 최대화》의 마지막에 적은 '퍼뜩 냉큼의 법칙'이다. 해야 할 일이 생겼을 때 '나중에 해야지', '언젠가 하겠지'가 아니라 그 자리에서 즉시 한다. 즉시 못 할 것 같으면 언제 할지를 그 자리에서 정한다. 그러면 작업을 지연시키지 않고 차례차례 해치울 수 있어 처리량이 급증한다.

그 후로 나는 퍼뜩 냉큼의 법칙을 실천하기 시작했다. 쉬운 일은 냉큼 실행! 그렇지 않은 일은 언제 할지 냉큼 결정하고 스케줄러에 적는다. 그렇게 하자 하루 10가지 아이디어가 떠오르면 10가지를 전부 실행할 수 있었다. 예전에는 10가지가 떠올라도 한 가지밖에 실행하지 못했으니 성과가 10배로 오른 셈이다.

나를 바꾼 사고 알고리즘의 놀라운 힘

할 일이 생겼을 때 냉큼 행동하니 업무 처리량이 10배로 늘었다. 그전까지는 거래 미팅이 끝나면 회사로 돌아와서 다음 제안을 생각했는데, 이제는 거래 미팅을 하면서 다음 제안을 생각하게 되었다. 그러자 거래 미팅이 끝났을 때 다음 약속도 잡을 수 있었다. 이렇게 되니 해결되지 않은 채 며칠 동안 머릿속을 떠돌던 안건들이 거의 사라졌다. 머릿속이 깨끗해졌고 마음도 훨씬 후련한 느낌이 들었다.

어느 날 일본 유튜브의 인기 채널 〈신 R25 와이드〉의 '실천했더니 확실히 업무 효율이 올랐던 업무 필살기를 가르쳐주세요' 코너에서 퍼뜩 냉큼의 법칙을 소개했더니 300개 응답 중에 '최고의 답변'으로 선정되었다. 퍼뜩 냉큼의 법칙 덕분에 나는 족쇄를 풀어내고 즉시 행동하는 사람으로 변신했다. 그리고 잇달아 성과를 올릴 수 있었다. 즉 퍼뜩 냉큼의 법칙은 내 안의 사고 알고리즘이 크게 달라지기 시작한 기념비적인 제1 법칙이다. 그래서 이 책에서도 가장 먼저 소개한 것이다.

'성과=스킬×사고 알고리즘'의 황금 법칙

예전에 나는 착수가 늦고 속도가 느리다는 커다란 약점이 있었다. 하지만 정작 나 자신은 착수가 늦다거나 속도가 느리다고 생

---

https://www.youtube.com/@shin_R25.

https://youtu.be/IfqrS8ZLa1Q.

각하지 않았다. 골치 아프게도 나의 사고방식 습관, 즉 사고 알고리즘은 자각할 수 없기 때문이다. 자각할 수 없다 보니 바꾸지도 못하고 남에게 배울 수도 없다. 하지만 퍼뜩 냉큼의 법칙을 알게 되고 기존의 사고 알고리즘을 수정하자마자 성과가 쑥쑥 오르기 시작했다. 도대체 내 안에서 무슨 일이 생긴 걸까?

앞서 프롤로그에서 언급했던 '성과=스킬×사고 알고리즘'의 황금 법칙을 떠올려보자. 초보와 베테랑 사이의 스킬 차이는 약 세 배라고 말했다. 베테랑이라고 하면 굉장히 수준이 높을 것 같지만 기술 측면에서는 세 배 정도밖에 차이 나지 않는 것이다. 하지만 사고 알고리즘을 바꾸면 그 차이가 무려 50배에 이른다.

예를 들어 초보자의 경우 '스킬 1×사고 알고리즘 1=성과 1'이라면, 스킬이 세 배 높은 베테랑도 사고 알고리즘이 바뀌지 않으면 '스킬 3×사고 알고리즘 1=성과 3'이다. 즉 세 배 정도밖에 차이가 나지 않는다. 그러나 현실에서는 똑같은 업무를 해도 성과의 차이가 10배, 20배 벌어지는 일이 비일비재하다. 그리고 만년 평사원인 사람과 젊은 나이에 고속 승진한 사람의 성과 차이는 10배나 20배로 끝나지 않는다. 성과를 계속 올리는 사람은 '스킬 3×사고 알고리즘 50=성과 150'이기 때문이다. 즉 현실에서는 150배나 차이가 난다(그림 2).

그림 2 '성과=스킬×사고 알고리즘'의 황금 법칙

	스킬		사고 알고리즘		성과
초보자	1	×	1	=	1
베테랑	3	×	1	=	3
성과를 계속 올리는 사람	3	×	50	=	**150**

사고 알고리즘에 따라
성과를 150배 높일 수 있다!

지금 당장 빠르게 성과를 올리는 사람이 되고 싶다면 이를 위한 사고방식의 습관, 즉 사고 알고리즘을 익히는 것이 중요하다. 스킬은 하루아침에 익힐 수 없다. 하지만 사고 알고리즘은 사고방식이기에 바로 바꿀 수 있고, 한번 장착하면 곧장 몇 번이라도 사용할 수 있다. 한번 장착하면 더 이상 의욕(동기부여)에 의존하지 않아도 된다. 자, 지금 바로 실행력 높은 사람의 사고 알고리즘을 장착해 성과를 극적으로 올려보자.

업무가 빠른 사람의 원칙

생각
미루지 않기

업무가 빠른 사람, 업무가 느린 사람
업무가 느린 사람이 일하는 방식
업무가 빠른 사람이 일하는 방식
'나중에 생각하자'라고 생각하지 마라

업무가 빠른 사람, 업무가 느린 사람

어떤 사람이 한 시간이면 끝내는 일을 어떤 사람은 여덟 시간이 걸린다. 어떤 사람이 5분이면 끝내는 일을 어떤 사람은 일주일이 걸리기도 한다. 하루에 낼 수 있는 성과도 10배 정도 차이가 난다. 그런데 우리는 단순히 전자를 '업무를 단시간에 끝낼 수 있는 사람', 후자를 '업무를 끝내는 데 시간이 오래 걸리는 사람'으로 여기는 경향이 있다.

그런데 정말로 그럴까? 사실 해당 업무에서 초보자를 제외하면 어떤 업무에 걸리는 시간의 길이와 사회인으로서의 경험치는

그림3 성과가 10인 A와 성과가 2인 B의 시간 사용법

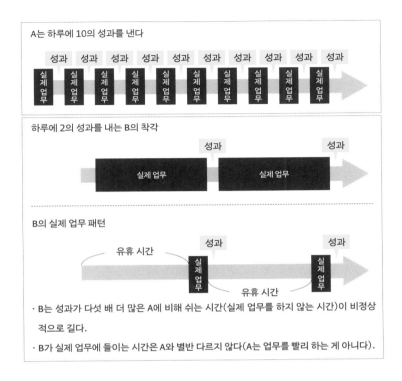

거의 관계가 없다. 위 그림은 하루의 성과가 10인 A와 성과가 2인 B의 시간 사용법을 도식화한 것이다(그림3).

먼저 성과 10인 A를 살펴보면 하루에 10의 업무를 하고 10의 성과를 낸다. 그러면 성과가 2인 B는 어떨까? B는 자신이 업무 하

나를 끝내는 데 시간이 오래 걸리는 사람이어서 2의 성과밖에 올리지 못한다고 생각한다. 하지만 이는 착각이다. B의 실제 업무 패턴에서 보듯이 하나의 업무에 걸리는 시간은 성과 10인 사람과 다르지 않다. 다만 유휴 시간(실제 업무를 하지 않는 시간)이 있다는 게 다를 뿐이다. 2의 성과를 내는 B는 A에 비하면 확인하거나 생각하거나 준비하는 등 실제 업무에 착수하기까지의 유휴 시간이 비정상적으로 길다. 그렇다면 왜 유휴 시간이 길어지는 걸까? 업무가 느린 사람과 빠른 사람의 일하는 방식을 비교해보자.

업무가 느린 사람이 일하는 방식

업무가 느린 사람은 어떤 업무나 정보를 받아도 나중에 차분히 생각하겠다는 마음으로 미팅에 참여한다. 예를 들면 이런 식이다.

1. 미팅에서 정보를 듣기만 한다. 잘 모르는 것은 나중에 생각하고 그 자리에서 확인이나 질문을 하지 않는다.
2. 시간이 지난 뒤 미팅에서 얻은 정보를 토대로 어떻게 할지를 차분히 생각한다.
3. 하지만 어떻게 하면 좋을지 모르므로 선배나 동료에게 의견을 물어본다.

4. 선배나 동료는 의견을 주지만 확신할 수는 없다. 그들은 회의에 참석하지 않아서 정확한 정보가 없기 때문이다.

5. 확신이 없는 상태로 기획을 한다.

6. 확신이 없으니 기획의 정확도도 낮다.

또한 업무가 느린 사람은 미팅이 끝난 직후에 바로 업무에 착수하지 않아서, 막상 하려고 했을 때는 미팅에서 오간 이야기를 떠올리는 데 시간이 걸린다. 하지만 기억이 선명하지 않아 업무의 정확도가 낮을 수밖에 없다.

업무가 빠른 사람이 일하는 방식

업무가 빠른 사람은 앞서 설명한 '퍼뜩 냉큼의 법칙'처럼 미팅이 끝난 직후 업무를 시작하겠다는 마음으로 미팅에 참여한다. 예를 들면 이런 식이다.

1. 미팅 단계에서 모든 것이 명확해질 때까지 파고든다. 서로 다르게 알고 있는 것은 없는지, 어떤 방식이 맞는지 등 잘 모르는 것은 이해될 때까지 그 자리에서 확인한다. 그래서 미팅이 종료될 즈음에는 불명확하거나 모호한 점이 없다.

2. 무엇을 해야 좋을지 알고 있으니 미팅이 끝난 직후 실제 업무를 시작해서 완성한다. 모든 정보를 이미 확인했기 때문에 정확도도 높다.

　이처럼 업무가 빠른 사람은 미팅이 끝난 직후에 일을 시작하기 때문에 유휴 시간이 없다. 그리고 기억이 선명해서 업무의 정확도도 높다.

'나중에 생각하자'라고 생각하지 마라

결국 업무가 느린 사람의 문제는 '나중에 차분히 생각하자'라는 사고 알고리즘이다. 이렇게 생각하는 습관을 지금 바로 여러분의 인생에서 지우도록 하자.

　먼저 미팅할 때 결과물을 머릿속에 그려보는 것부터 시작해보자. 모르는 것은 그 자리에서 질문해 확인한다. A와 B 중 어느 쪽이 옳은지 확인한다. 미팅은 그다음에 무엇을 해야 할지가 명확해졌을 때 끝낸다. 명확해지기 전까지는 절대로 미팅을 끝내지 않는다.

　외부 거래처와의 미팅도 마찬가지다. 미팅이 끝나고 돌아와서는 "상대가 우리의 제안을 거절했습니다. 이제부터 어떻게 대응할지 생각해보겠습니다"라고 말해서는 안 된다. 협상 중에 상대방에게 거절당한다면 그 자리에서 다음번에는 어떻게 해야 협상이 이뤄질지 생각하며 "무엇이 우려되시나요?", "혹시 이런 조건이라면 괜찮으실까요?" 등을 물어보면서 상대의 생각을 확인한다. 그래서 미팅이 끝날 무렵에는 '다음에 이런 조건으로 제안하면 성사되겠다'라고 확신할 수 있어야 한다.

업무가 빠른 사람은 미팅이나 회의 중에 상대방과 조율하면서 그 자리에서 성과를 낸다. 미팅은 상대방에게서 일방적으로 정보를 받는 게 아니라 상대방과 의견을 조율하는 시간임을 기억하도록 하자.

중요도 × 긴급도 × 소요 시간으로 따지는

업무 우선순위
조율법

왜 급한 일보다 중요한 일이 먼저일까?

'빨리 끝나는 일'부터 하라

10분 이내에 끝나는 일은 '지금' 한다

한 시간 후의 나에게 메시지를 보낸다면

오늘부터 '외우는 것'을 포기하라

왜 급한 일보다 중요한 일이 먼저일까?

성과를 내는 데 걸리는 시간에서 좀 더 큰 차이가 나는 경우가 있다. 예를 들어 A가 고작 10분이면 끝내는 일을 B가 하면 한 달이 걸린다거나, C가 한 시간이면 끝내는 작업을 D가 하면 석 달이 걸리는 경우다. 이렇게 큰 차이가 생기는 이유는 무엇일까? 이는 일을 즉시 시작하는지 아닌지뿐만 아니라 '우선순위를 정하는 방법'이 다르기 때문이다. 우선순위를 정하는 방법은 개인의 사고 알고리즘에 따라 달라지는데, 여기서는 성과를 내는 사람의 사고 알고리즘을 설명하고자 한다.

[그림 4] 우선순위를 정하는 방법 1

		긴급한 정도	
		높다	낮다
중요한 정도	높다	1	2
	낮다	3	4

한정된 시간과 노동력 안에서 상위 두 개까지만 할 수 있다면 긴급한 정도가 높은 일보다는 중요한 정도가 높은 일을 더 먼저 해야 성과로 이어진다.

업무의 성과는 우선순위를 정하는 방식에 따라 크게 달라진다. 먼저 일반적인 기본 개념부터 살펴보자. 여러분의 눈앞에 네가지 작업이 있다고 가정하자. 작업에 들이는 시간과 노력에 한계가 있어서 상위 두 개까지만 할 수 있다. 여러분은 어떤 일을 먼저 하겠는가?

이때는 우선순위를 정하는 방법으로 중요한 정도와 긴급한 정도를 활용해야 한다(그림 4). 중요한 일이란 '결과에 대해 영향도가 큰 일'이다. 그리고 긴급한 일은 '지금 바로 대응해야 할 일'이다. 하지만 긴급한 일 중에는 중요하지 않은 일이 포함되어 있어서 이것을 어떻게 처리하느냐에 따라 성과가 크게 달라진다.

먼저 중요한 정도와 긴급한 정도가 모두 높은 작업을 한다. 그리고 중요한 정도와 긴급한 정도가 모두 낮은 작업은 모든 일을 끝내고 제일 나중에 하거나 시간과 자원이 부족할 경우는 진행하지 않기로 한다.

그러면 중요한 일인데 긴급한 정도가 낮은 작업과, 별로 중요한 일이 아닌데 긴급한 정도가 높은 작업 중 어느 쪽을 먼저 해야 할지 망설여진다. 이럴 때는 고민하는 만큼 유휴 시간이 발생하기 때문에 긴급한 일보다 중요한 일을 먼저 해야 성과가 오른다고 기억해두자.

중요한 일을 우선 정리하다 보면 긴급해지기 전에 해결되므로, 그러다 보면 점점 긴급한 업무는 발생하지 않고 중요한 작업에 시간과 노력을 집중시킬 수 있기 때문이다. 하지만 중요한 일부터 착착 정리해가지 않으면 그 일은 어느덧 긴급한 일이 되어 여러분을 짓누를 것이다. 그렇게 되면 계속 급하게 대응할 수밖에 없다. 그리고 이런 상태가 이어지면 별로 중요하지 않은데 긴급한 일에 항상 쫓기다가 결국 '늘 바쁘지만 정작 성과는 낮은 사람'이 되고 만다.

'빨리 끝나는 일'부터 하라

그렇다면 모든 작업이 중요하고 긴급할 경우는 어떻게 해야 할까? 이때는 먼저 완료까지 걸리는 시간을 따져본다. 그리고 빨리 끝나는 일을 가장 먼저 한다(그림5).

대부분 사람은 중요하고 긴급하며 시간이 오래 걸리는 일부터 해야 한다고 생각하는데, 이는 커다란 착각이다. 덜 중요하거나 긴급해도 바로 끝나는 일을 먼저 해야 성과가 더 오른다. 여기에는 네 가지 이유가 있다.

1. 빨리 끝나는 일을 먼저 하면 곧바로 결과를 얻고 처리할 수 있는 안건의 수가 압도적으로 늘어난다.

2. '발생→작업 관리→실행'이 '발생→실행'이 되면서 작업 관리에 대한 수고가 줄고 처리 가능한 업무량이 늘어난다.

3. 작업이 빨리 완료되면 그만큼 빨리 다음 업무를 할 수 있어 일이 전체적으로 빨리 진행된다.

4. 기억이 선명할 때 업무가 끝나기 때문에 단시간에 빠짐없이, 정확하게 일할 수 있다. 나중에 하려고 하면 기억이 희미해져 유휴 시간이 발생하고 정확도도 떨어진다.

그림 5 우선순위를 정하는 방법 2

바로 끝나는 일을 가장 먼저 하라!

		중요하고 긴급한 정도	
		높다	낮다
소요 시간	짧다	1	2
	길다	3	4

중요하거나 긴급한 정도가 낮아도 단시간에 할 수 있는 일을 먼저 하라!

· 결과량이 증가하고 처리할 수 있는 안건의 양이 압도적으로 늘어난다.

· 작업 관리에 드는 수고가 줄어든다('발생→작업 관리→실행'이 '발생→실행'으로).

· 작업이 빨리 완료되면 그만큼 빨리 다음 업무를 할 수 있어 일이 전체적으로 빨리 진행된다.

· 기억이 선명할 때 해야 단시간에 정확하게, 빠짐없이 일을 해낼 수 있다. 나중에 하려고 하면 기억을 더듬어가며 해야 해서 비효율적이다. 정확성도 떨어진다.

※ 후공정이 있는 일은 여러분의 공정을 얼른 마치고 다음 공정으로 배턴을 넘기는 것이 중요하다.

여기서도 업무와 업무 사이의 유휴 시간을 어떻게 없애는지가 중요하다. 최대한 유휴 시간을 줄이거나 발생하지 않도록 일의 순서를 계획해야 한다.

여러분의 공정이 끝나야 다음 공정이 시작되는 경우, 여러분 개인에게는 그 안건이 별로 중요하거나 급하지 않다고 해도 전체적으로 봤을 때는 중요하고 급한 경우도 있다. 그럴 때는 여러분의 공정을 얼른 끝내고 다음 공정으로 배턴을 넘겨줘야 한다. 그렇기 때문에라도 빨리 끝나는 일은 얼른 정리하고 다음 공정으로 넘겨주도록 하라.

10분 이내에 끝나는 일은 '지금' 한다

만일 상사에게서 '출장용 노트북을 슬림형으로 바꾸는 것을 검토해보라'라는 지시를 받았다면 업무가 빠른 사람은 당일 또는 다음 날에 답을 내놓는다. 반면에 업무가 느린 사람은 답을 내놓기까지 3개월이 걸릴 때도 있다. 작업을 지시받았을 때 두 사람은 어떻게 생각했을까?

업무가 빠른 사람은 '검토 시간은 한 시간. 아주 급한 일은 아니지만 한 시간 내로 끝난다면 먼저 해버리자. 그 한 시간을 언제 낼까? 오늘 저녁에 내자'라고 생각한다. 반면에 업무가 느린 사람은 '새로운 일이 왔다. 지금은 다른 일을 하고 있으니 모두 끝내고 나서 시작하자'라고 생각한다. 기존에 계획했던 우선순위는 변경하지 않는다.

결과는 전자처럼 생각하는 쪽이 일의 속도가 압도적으로 빠르고 정확도도 높다. 기억이 선명할 때 실행하기 때문이다. 성과를 내는 건수도 많다. 안건 하나당 시간이 짧기 때문이다. 전자에게 부탁하면 다음 주에는 새로운 PC로 교체되어 있지만, 후자에게 부탁하면 새로운 PC를 찾는 것조차 시간이 오래 걸려서 자칫하다가는 반년 후나 되어야 교체된다.

이처럼 우선순위를 어떻게 설정하느냐에 따라 결과물에 커다란 차이가 생긴다. 그래서 나는 다음과 같이 완료 시간을 기준으로 우선순위를 바꾼다.

1. 10분 이내에 완료할 수 있는 일 → 지금 바로 하기

2. 30분 이내에 완료할 수 있는 일 → 오늘 중에 하기

3. 한 시간 이내에 완료할 수 있는 일 → 내일 중으로 끝내기

4. 하루 이내에 완료할 수 있는 일 → 2주일 이내에 하기. 할 날을 정하기

5. 바로 할 가치가 없는 일 → '하지 않음'으로 정하기

간단한 조사나 검토 사항을 정리하는 작업은 10분 이내면 끝나니 바로 한다. 회의에서 10분 이내에 완료되는 일을 받았다면 회의가 끝난 직후에 기억이 선명할 때 끝낸다. 즉시 끝내지 않고 중도에 다른 일을 끼워 넣으면 떠올리는 시간이 오래 걸리고 정확도도 떨어진다.

한 시간 후의 나에게 메시지를 보낸다면

회의에서 해야 할 일이 생기더라도 회의 종료 직후에 다른 회의에 참석해야 해서 바로 시작하지 못할 때도 있다. 그럴 때는 작업 내용을 포스트잇에 적어 컴퓨터 모니터에 붙여놓는다. 회의에서 돌아오면 내용을 읽고 바로 시작한다. 이때 메모를 작성하는 방법이 중요하다.

작업은 전제를 포함하는 것, 결과 대기인 것, 다른 작업과 연결된 것 등 다양하다. 목표는 무엇인지, 현재 전체 일의 어느 부분을 하고 있는지 파악해두지 않으면 무엇을 하고 있는지 알 수 없다. 따라서 자리로 돌아왔을 때 읽고 바로 알 수 있도록 꼼꼼하게 적는다. 석 달 후에 읽어도, 처음 보는 사람이 읽어도 무슨 뜻인지 알 수 있도록 적는 것이다. 대량의 작업 속에서 한 시간 후의 나에게 보내는 귀중한 메시지인 셈이다.

한두 마디만 적으면 기억나지 않으니 완전히 잊어버렸어도 읽으면 알 수 있도록 구체적으로 명확하게 메모한다. 예를 들어 '● 씨에게 메일을 보낸다'가 아닌 '● 씨에게 ▲라는 건에 대한 메일을 보낸다(이를 위해 ▲가 맞는지 ■ 씨에게 확인한다)'라는 수준으로 적는다.

전자처럼 적으면 메모를 봐도 '● 씨에게 메일을 보내야 하는구나. 가만있자, 무슨 건에 대해서였지? 아, 맞다. ▲에 대해서였구나. 그럼 ▲에 대해서는 어떻게 해야 했지? 그래, 맞아. ■ 씨에게 확인해야 했었지'라고 생각하는 시간, 즉 유휴 시간이 필요하다. 그러나 후자처럼 적으면 메모를 보고 바로 ■ 씨에게 확인할 수 있다.

여기서도 유휴 시간이 발생하지 않는 게 중요하다. 작은 시간이 쌓여 결과물에 커다란 영향을 미칠 수 있음을 기억하자.

오늘부터 '외우는 것'을 포기하라

나는 업무량이 너무 많아 더 이상 기억하지 못하게 되었을 때 외우는 것을 포기했다. 대신 모든 안건을 스마트폰에 메모하고, 알림이 뜨도록 했다. 내 두뇌가 해오던 '기억하기' 일은 기계에 맡기고 대신에 '사고하기' 일에 두뇌 자원을 집중하기로 했다. 이로써 빠트리는 것이 없어지고 사고에 집중하게 되면서 다른 사람보다 10배 더 많은 일을 할 수 있었다.

이처럼 메모를 하면 안심하고 잊어버릴 수 있어 뇌의 용량에 여유를 만들 수 있다. 예를 들어 외부 사람에게 전화했는데 상대방이 다른 사람과 통화 중이라고 하자. 10분 후에 다시 전화하기로 했다면 이 10분을 어떻게 보내야 할까? 뭔가 다른 업무를 하고 있어도 시계를 흘긋흘긋 보다 보면 집중할 수 없기에 이 10분 동안에는 정확도가 낮은 업무밖에 할 수 없다.

그래서 나는 스마트폰의 리마인더를 사용해 '○○○ 씨에게 전화하기'라는 메모가 10분 후에 알림음과 함께 표시되게끔 설정해둔다. 그리고 일단 그 일은 잊고 눈앞의 업무에 집중한다. 또한 다음과 같이 회사의 지침에도 메모의 중요성을 강조하는 내용을 넣어 모든 직원이 메모를 습관화하도록 권장한다.

'나는 많은 업무를 정확하게 소화할 수 있도록 메모, 스케줄러, 디지털 도구 등을 능숙하게 사용하고, 매사를 기억에 의존하는 것이 아니라 필요할 때 정확하게 알아차리고 확인할 수 있는 방식으로 업무에 임합니다.'

이렇게 하면 업무의 처리량이 늘어나고 실무 능력도 몇 배 올라간다. 반면에 메모하지 않는 사람, 알림 설정을 하지 않는 사람은 자기 능력에 뚜껑을 덮는 격이다. 이들은 불필요한 작업에 시간을 들여 정확도가 낮은 결과를 내놓고, 때로는 꼭 필요한 업무를 잊어버려서 주위에 민폐를 끼칠 때도 있다.

유능한 사람이 반드시 지키는

마감은
절대 사수

'칼 같은 사람'이 되는 세 가지 전략

대안을 미리 준비하는 지혜

아무것도 하지 않는 시간에도 비용은 쌓인다

'칼 같은 사람'이 되는 세 가지 전략

일의 기한을 맞추지 못하고 늦는 사람과 그렇지 않은 사람은 사고 알고리즘이 다르다. 항상 마감에 늦는 사람, 기한을 지키지 못하는 사람은 늦어진 이유가 '예상치 못한 일이 생겨서', '일하는 속도가 느려서'라고 생각한다. 하지만 기한을 맞추는 사람은 다르게 생각한다. 그들은 기한을 지키지 못하는 이유를 '시작이 늦어서'라고 생각한다.

평소 자신이 기한을 지키지 못하는 사람이라면 절대로 해서는 안 되는 것이 세 가지 있다.

1. 예상치 못한 일이었으니 어쩔 수 없다며 포기하기
2. "나는 일하는 속도가 느립니다"라며 부끄러워하지도 않고 일단 사과하고 끝내기
3. 빨리 끝내기 위해 업무 속도를 올리면서 품질과 확인은 소홀히 하기

기한을 지키지 못하고 책임감도 없는 사람은 '예상치 못한 일이었으니 어쩔 수 없다'라며 포기하고, 기한을 지키지 못하지만 책임감이 있는 사람은 '내 능력이 부족하다'라며 사과하고 끝낸다. 하지만 이래서는 계속 늦게 끝내게 되고 기한도 지킬 수 없다. 기한을 맞추기 위해 다음 세 가지를 실천해보자.

1. 시작을 앞당기기: '언제 무엇을 해야 할지' 알고 있는 일은 항상 예상치 못한 사태가 일어난다는 가정 아래 조금 더 일찍 시작하는 습관을 들인다.
2. 순서를 바꾸기: 어떤 일의 시작을 앞당기려면 어떤 일의 시작은 늦출 필요가 있다. '작업이 들어온 순서'가 아닌 '마감 순서'로 시작 시기를 바꾼다.
3. 나눠서 진행하기: 1, 2로도 시간에 맞지 않을 때는 작업을 나눈

다. 동시 병행으로 진행하고 나중에 통합할 수 있도록 업무 흐름을 재검토한다.

예를 들어 어떤 인쇄물을 A와 B 두 사람이 만든다고 하자. 원래 업무 흐름은 'A가 글 작성 5일 → 해당 글을 토대로 A와 B가 레이아웃 구성 1일 → B가 디자인 5일=11일'이었다. 그런데 시간이 부족해서 원래대로 진행할 수 없다면 A의 글 작성과 B의 디자인 작업을 동시에 진행한다. 'A와 B가 전체 내용 기획 및 레이아웃 구성 2일 → A의 글 작성, B의 디자인을 동시 진행 5일=7일'로 바꾸는 것이다. 그러면 11일 걸리던 일을 4일 단축할 수 있다.

대안을 미리 준비하는 지혜

우리 회사에서는 건강에 관한 칼럼을 뉴스레터로 발행하고 있다. 담당자가 원고를 쓰면 금요일에 내가 확인해서 매주 일요일에 발행한다.

한번은 원고를 확인하는데 칼럼의 내용이 회사 방침과 맞지 않은 적이 있었다. 담당자에게 수정해달라고 요청하자 "오늘 중으로 발신 설정을 해야 하는데 사장님이 OK를 해주지 않으면 뉴스레터를 내보낼 수 없어요"라는 답이 돌아왔다. 그러면 다음 회

이후로는 어떻게 할 것인지 물어보자 담당자는 "사장님의 OK를 받기 위해서"라며 내 취향을 알고 싶어 했다.

하지만 기한을 지킬 수 있는 가장 좋은 방법은 예비 원고를 하나 더 준비하는 것이다. 즉 원고를 두 개 제출하는 것이다. 두 개 제출해서 모두 탈락할 확률은 낮다. 먼저 하나를 보여주고, 안 되면 예비 원고를 보여준다. 첫 번째가 통과되면 준비했던 예비 원고는 다음 주에 사용하면 되고, 다음 주 분량은 일주일 동안 또 하나를 써서 채워두면 다음 주에도 두 개를 제출할 수 있다. 맨 처음한 번과 하나가 탈락한 경우에만 칼럼 두 개를 쓰면 그다음부터는 원활하게 돌아간다.

만약을 대비해 결과물을 하나 더 준비하면 기한을 지키지 못하는 일이 없다. 꼭 불안하거나 필요하지 않더라도 미리 준비하는 습관을 들이도록 하자.

아무것도 하지 않는 시간에도 비용은 쌓인다

시간을 지체하면 돈이 든다. 그야말로 '시간은 돈'이다. 예를 들어 상품 출시가 예정보다 하루 늦었다고 하자. 회사는 상품이 출시되지 않으면 10원의 매출도 나지 않는다. 동시에 회사에서는 하루하루 비용이 발생한다. 회사의 고정비가 한 달에 6억 원 든다고 하자. 출시가 하루 늦어지면 2,000만 원이나 되는 비용이 늘어난다. 임대료를 생각하면 이해하기 쉬울 것이다. 매출이 오른다고 임대료가 늘고, 매출이 적다고 임대료가 줄어드는 것이 아니다. 아무것도 하지 않아도 매달, 매시간에 드는 비용이 쌓인다.

우리의 두뇌는 '할 수 있을지 없을지'가 아닌 '어떻게 해야 그 일을 할 수 있을지'를 생각하기 위해 존재한다. 즉 '시간에 맞을지 안 맞을지'가 아닌 '시간에 맞추려면 어떻게 할지'를 생각해야 한다. 불가능하다고 생각되는 일이라도 '만일 10억 원의 예산을 쓴다면 그래도 불가능한지'를 생각하라. 그리고 거기서부터 예산을 줄여나가 현실적인 타협점까지 세분화하라.

성공한 사람은 모두 알고 있는
10전 1필승의
법칙

10번 도전하면 반드시 한 번은 성공한다
누구나 실패하고, 누구나 성공할 수 있다
왜 10번 하기 전에 그만두는 걸까?

10번 도전하면 반드시 한 번은 성공한다

'정말로 즉시 행동하면 성과가 나올까?'

'해야 할 일을 차분히 선택하는 게 더 좋지 않을까?'

'제대로 생각한 다음에 행동해야 하지 않을까?'

앞서 즉시 행동하라고 했지만 빨리 행동으로 옮겨도 성과가 잘 나오지 않을 수 있다. 하지만 '10전 1필승의 법칙'을 알게 되면 여러분의 생각도 바뀔 것이다.

10전 1필승의 법칙은 그동안 내가 살아오면서 발견한 엄청난 법칙이다. 누구나 10번 진지하게 시도하면 한 번은 성공한다는 것이다. 이제까지 나는 그렇게 도전했다가 성공하지 못한 사람을 본 적이 없다. 그전까지는 잘되는지 아닌지는 능력과 관련 있다고 생각했다. 하지만 능력이 있든 없든 모든 사람은 '진지하게 10번 하면 아홉 번은 실패해도 한 번은 반드시 성공한다'는 사실을 알게 되었다. 좀 더 연구해보니 남들보다 세 배 성공한 사람은 남들보다 성공 확률이 세 배 높은 것이 아니라 실행 횟수가 세 배였을 뿐이라는 사실을 알게 된 것이다.

누구나 실패하고, 누구나 성공할 수 있다

예전에 수많은 인기 프로그램의 MC로 활약했던 일본의 코미디언 시마다 신스케島田紳助는 "어떻게 해야 프로그램을 히트시킬 수 있을지" 매일 연구를 거듭했다고 한다. 그렇게 해서 내린 결론은 "수많은 프로그램에 출연"하는 것이었다며 자신의 성공 비결을 여러 언론 매체를 통해 밝혔다.

"어느 프로그램이 성공할지는 모릅니다. 하지만 많이 출연하면 일정 확률로 대박이 나죠. 그래서 이것저것 재지 않고 어쨌든 많은 프로그램에 출연하기로 했습니다."

그래서 그는 성공을 위해 어떤 노력을 할 것인가에 대해 '재미있는 기획을 생각한다'에서 이제는 '많은 프로그램에 섭외되기 위해 프로그램 제작진이 쉽게 쓸 수 있는 예능인이 되자'로 목표를 전환했다. 그는 모든 프로그램 녹화 전에 꼭 시뮬레이션을 미리 해봤다. 또 아무리 중견 예능인이 되었다고 해도 전날 과음해서 프로그램 녹화 시간에 지각하는 일이 없도록 했다. 언제나 제작진에 대한 배려를 잊지 않았으며, 인간관계를 소홀히 하지 않는다는 기본을 지키기 위해 노력했다. 그 결과 그의 목표대로 많은 프로그램에 출연할 수 있었고 많은 인기 프로그램을 탄생시켰다.

패스트리테일링의 회장이자 사장인 야나이 다다시柳井正는 저서 《1승 9패一勝九敗》에서 "10번 새로운 것을 시작하면 아홉 번은 실패한다. 그러나 한 번의 성공이 오늘날의 유니클로를 만들었다"라고 말했다. 세상은 공평하다. 10번 하면 누구든 한 번은 성공하게끔 되어 있다. 성공하고 싶다면 지금 바로 진지하게 10번 해보면 된다.

이 사실을 깨닫고 나서 나는 예전부터 도전하고 싶었던 일에 곧장 착수해서 묵묵히 10번 시도해봤다. 그랬더니 처음 아홉 번은 실패해도 마지막 한 번에서 반드시 성공했다. 물론 매번 '이번에야말로 성공하겠다'라는 심정으로 도전해도 결과적으로는 그렇게 되었다. '처음 아홉 번은 실패한다'가 전제이므로 실패해도 크게 충격받을 일이 없었으며, 담담하게 '10번째에는 성공한다'

라고 스스로 되뇌었다. 그렇게 수많은 실패를 통해 결국은 성공했고 꿈을 이뤘다.

왜 10번 하기 전에 그만두는 걸까?

이렇게나 쉬운 성공 법칙이 있는데 왜 많은 사람이 성공하지 못하는 걸까? 두 가지 이유가 있다. 하나는 생각이 너무 많아서 행동하지 못하는 것이다. 다른 하나는 10번을 다 하기 전에 그만두는 것이다. 10번 하면 누구나 성공하는데 대부분 사람은 10번 하기 전에 그만둔다. 그만두는 이유는 세 가지가 있다.

1. 좌절한다

처음부터 한 번에 잘될 것이라고 생각하면 두세 번 실패했을 때 충격이 크다. 이제는 무리라며 포기하고 만다. 이럴 때 일희일비해서는 안 된다. '어떤 천재라도 처음 아홉 번은 실패한다', '아무리 평범한 사람이라도 10번째는 반드시 성공한다'라고 되뇌며 끝까지 하자. 그러면 10번째에 반드시 잘될 것이다.

2. 시간이 부족하다

업무에는 마감이 있다. 한두 번 실패하면 일정이 틀어져 10번

하기 전에 시한이 다가온다. 무슨 일이든 10번은 해야 성과가 나오니, 10배의 시간이 걸린다는 전제 아래 일정을 짜고 일찌감치 시작해야 한다.

3. 자금이 없다

자금이 부족하면 포기할 수밖에 없게 된다. 아무리 멋진 아이디어가 있거나 실력이 뛰어나다고 해도 처음 아홉 번은 반드시 실패한다. 거액의 자금도 한 번에 모두 투입하면 치명상을 입는 법이므로 여러 번에 나눠 투자하도록 하자.

성공하고 싶다면 반드시 10번은 해보자. 위의 세 가지 이유를 토대로 한 다음 세 가지 전략을 실천하라.

- 처음 아홉 번은 반드시 실패한다고 생각하라.
- 무조건 10번은 한다는 전제로 일정을 짜라.
- 10번 실험하기 위해 자금을 분배하라.

10번 시도하면 한 번은 반드시 성공한다. 시간과 자원을 신중하게 계획해서 여유롭게 10번까지 실행하라.

첫술에 배부르랴?
기회는
무궁무진

기회를 잡는 사람, 기회를 놓치는 사람
기회는 오는 게 아니라 잡는 것
기회는 잡는 순간부터 시작된다

기회를 잡는 사람, 기회를 놓치는 사람

앞서 설명한 10전 1필승의 법칙을 보고 '아니, 그렇기는 해도 기회는 제대로 가려내야 하지 않나!'라고 생각하는 사람이 있을 수도 있다. 혹시 여러분도 그렇게 생각했는가? 그렇다면 꼭 알아두었으면 하는 것이 있다. 너무 '결정적 기회'만 노리다 보면 어느샌가 끝나버린다는 점이다. 세상에는 기회가 오는 사람과 오지 않는 사람이 있다고 생각하는 이들이 많은데, 이는 커다란 착각이다. 기회를 알아차리는 사람과 알아차리지 못하는 사람이 있을 뿐이다.

예전에 창업가 동료였던 A의 이야기다. 사진과 영상 촬영 사업을 하기 위해 준비하고 있었던 그녀는 그때까지도 자신이 하려는 일에 경험이 없었다. 그런데 어느 날 곧 데뷔할 여배우의 프로모션 영상 촬영 의뢰가 들어왔다. 나는 이런 황금 같은 기회를 그녀가 당연히 받아들일 줄 알았는데 정작 그녀는 별로 내키지 않는다는 표정이었다.

"경험이 없는 내게 이런 제안이 온 데는 뭔가 '꿍꿍이'가 있을 거야. 그 배우는 수영복 촬영은 민망하니까 여성 카메라맨이 촬영해줬으면 한다고 말했어. 업계에 여성 카메라맨이 별로 없다 보니 나 같은 아마추어한테 일이 온 거겠지. 게다가 탤런트의 프로모션 비디오 같은 건 내가 정말로 하고 싶은 일은 아니야."

나는 그녀가 달리 생각하기를 바라며 이렇게 말했다.

"경험이 없는 당신에게 갑자기 상업용 비디오 제안이 왔다는 건 기적과도 같은 기회야. 이 일을 받아들이면 당신 작품이 세상에 나와. 경험도 쌓을 수 있고 실적도 생기겠지. 덕분에 인맥이 만들어져서 당신이 정말로 하고 싶은 일로 이어질지도 몰라. 당신이 100퍼센트 원하던 일이 아닐지언정 당신이 잃을 건 없어. 일단 도전해보는 게 어때?"

하지만 A는 결국 그 제안을 거절했다. 1년 후 그 배우는 힐링

드라마로 대박이 났다. 모르는 사람이 없는 화제의 인물이 된 것이다. 그때까지도 A는 일을 시작하지 못했고, 결국 폐업했다. 만약 그 제안을 받아들였다면 '그 배우의 첫 비디오 작품을 촬영했다'는 실적을 바탕으로 영상 업계에서 활약하면서 인생이 크게 달라졌을 수도 있다.

기회는 찾아오는 게 아니라 잡는 것이다. 무엇이 기회인지 알아차리고 재빨리 잡는 사람에게 '나중'이 있다.

기회는 오는 게 아니라 잡는 것

A가 제안받은 비디오 촬영을 나는 기회라고 생각했다. 그러나 그녀는 기회라고 생각하지 않았다. 왜 이렇게 다르게 생각하는 걸까? 나는 기회를 잡은 성공한 사람들의 책을 읽거나 직접 만나면서 그 차이를 알아보았다. 많은 조사와 연구를 통해 나온 결론은, 지금 내게 일어난 일을 기회로 포착하는 사고 알고리즘(사고방식의 습관)이 있느냐 없느냐의 차이였다.

A처럼 이유를 대면서 기회를 놓치는 사람, 자기 앞을 지나는 기회를 알아차리지 못하는 사람은 어떤 사고 알고리즘을 가지고 있을까? 이런 사람들은 흔히들 말하는 결정적 기회를 노린다. 마치 운세 제비뽑기를 하듯 한 방에 '대운'을 뽑으려고 한다. 하지만

그렇기에 대운 이외에는 놓치고 만다. 그러는 사이에 시간은 계속해서 지나간다.

하지만 기회의 제비는 몇 번이든 또 뽑아도 된다. 덜 좋은 운세가 나오면 계속 뽑아서 대운이 나올 때까지 뽑는 것이다. 덜길한 운이 나왔다고 해도 또다시 뽑을 수 있다면 기회는 시작된것이다. 바로 그 이치를 알아차리느냐에 여러분의 성공이 달려있다.

기회는 잡는 순간부터 시작된다

누구에게나 기회는 공평하게 찾아온다. 그러나 100의 기회가 찾아온다고 해도 그중 겨우 3의 기회밖에 알아차리지 못하는 사람도 있으며 아예 하나도 알아차리지 못하는 사람도 있다. 반면에 성공한 사람은 100의 기회가 있다면 100 전부를 기회로 인식한다. 그들은 세상이 기회로 가득 차 있어서 '세 발짝만 걸으면 기회를 만난다'라고 생각한다.

나도 이제는 기회를 알아차리는 감각이 몸에 배었다. 주변에 기회가 너무나 많아 대체 무엇부터 손을 대야 할지 혼란스러울 지경이다. 회사에서는 "또 이렇게 엄청난 기회를 찾아냈다고!" 하면서 흥분하기 일쑤다. 어떤 직원들은 그런 나를 보며 '저런, 또 시작이네' 하는 표정으로 어이가 없다는 미소를 짓기도 한다. 또 어떤 직원들은 내게 전염되었는지 수시로 "사장님, 또 이렇게 엄청난 기회를 찾아냈어요!"라며 보고하러 오기도 한다.

소프트뱅크의 손정의 사장은 "10년에 한 번 오는 기회가 왔다!"라는 말을 3개월에 한 번씩 했다고 한다. 그처럼 우리의 주변에는 기회가 많다 못해 넘쳐흐른다. 그런데도 무조건 자신이 원하는 기회만, 예를 들면 좋은 볼이 오기만을 기다리면 절대로 안타를 칠 수 없다. 사실 인생은 헛스윙을 하든 파울을 하든 마이너스 득점은 되지 않게끔 되어 있다. 다수의 볼이 나오더라도 일단은 방망이를 휘둘러 공을 맞히는 것이 결국은 이득이다. 지금 여러분의 앞을 지나가는 기회를 놓치지 않도록 하자.

큰 기회를 잡는 사람은

때마침이 아닌
항상

행운이 계속 찾아오는 사람
정말로 '때마침' 기회가 온 걸까?
'항상' 행동하는 사람에게 행운이 온다

행운이 계속 찾아오는 사람

우리 주변에서 유독 행운아인 것처럼 보이는 사람이 있다. 그런 사람들은 '때마침' 그 자리에 있었고, 우연히 기회를 잡아 크게 성공한다. 또 그들은 행운이 '연달아' 찾아와 계속해서 성공한다. 어떻게 이런 일이 가능한 걸까?

만화나 소설의 성공담을 읽다 보면 종종 이런 이야기를 보게 된다. 횡단보도를 건너는 할머니의 짐을 들어드렸더니 사실 그 할머니가 엄청난 부자였고 주인공이 위기를 맞았을 때 자금을 지원해줘서 크게 성공했다는 이야기 말이다. 예전에 내가 리크루트에 다니고 있을 때 동료였던 A는 바로 이런 만화 같은 성공담을 그대로 옮겨놓은 듯한 인물이었다.

당시 불경기였는데도 A는 신규 대형 거래 건을 잇달아 성공시켰다. 반대로 아무리 노력해도 잘 풀리지 않았던 나는 A에게 어떻게 해서 그런 대형 거래를 수주했는지 물어봤다. 그러자 그는 이렇게 대답했다.

"이른 아침에 거래처를 방문했더니 직원들이 모두 라디오 체조를 하고 있었어. 귀찮은 듯이 체조를 하고 있길래, 처음에는 가만히 보고 있다가 점점 답답해져서 사람들 앞에 나가서 시범을 보여줬지. 그런데 평소 오후에 출근하던 사장님이 때마침 계셨던 모양이야. 나를 보더니 '재밌는 녀석이네. 사장실로 데려와'라고 말했다더군. 사장실로 갔더니 사장님이 '아주 재미있게 봤네. 자네에게 이 일은 전부 맡기겠네'라면서 직접 발주한 거야."

정말이지 행운이라고밖에 할 수 없는 이야기였다. 그 이야기를 듣고 내가 당장 거래처에 가서 라디오 체조를 한다고 해도 대형 거래를 수주할 수 있을 리 없었다. 그 후에도 그가 받은 발주는 제안 내용과는 전혀 관계없이 행운이라고밖에 생각할 수 없는 것뿐이었다. '왜 그에게만 믿을 수 없는 행운이 일어날까?' 나는 부러우면서도 이상하다고 생각했다.

정말로 '때마침' 기회가 온 걸까?

그 뒤로 A와는 3년 동안 같이 일했다. 그리고 어느 날 갑자기 A는 글로벌 기업의 자회사 사장으로 스카우트되어 이직했다. 그가 사장이 된 경위는 이랬다.

A가 베트남에 여행을 갔을 때였다. 어느 마을에 잠시 들렀는데 할머니 한 분이 혼자서 모내기를 하고 있었다. 연로한 할머니가 힘들게 일하는 모습을 차마 볼 수 없었던 A는 그 즉시 논에 들어가 바지를 걷어 올리고 일을 돕기 시작했다. 그리고 얼마쯤 지났을 때 일본인 일행이 우연히 논 옆을 지나가다가 그에게 말을 걸었다.

"당신은 일본인이 아닌가요? 여기서 뭘 하고 있습니까?"

"여기 할머니가 좀 힘들어하시는 것 같아서 모내기를 도와드리고 있었습니다."

"재미있는 사람이군요. 이번에 우리 회사가 베트남에 진출하는데, 도와주지 않겠습니까?"

그렇게 건네받은 명함을 보니, 누구나 다 아는 글로벌 기업의 사장이었다. 그렇게 A는 26세라는 젊은 나이에 대기업의 베트남 자회사 사장이 될 수 있었다.

'항상' 행동하는 사람에게 행운이 온다

이 이야기를 듣고 나는 '바로 이거였어!' 하고 겨우 알아차렸다. 지금까지는 A가 '때마침' 뭔가를 했을 때 대단한 사람이 우연히 보고 마음에 들어 했다고 생각했다. 하지만 그렇지 않았다. 그는 '항상' 하고 있었던 것이다.

A는 누군가 힘들게 뭔가를 하고 있거나 지지부진한 상황을 보면 그대로 두지 못하고 나서서 도왔다. 상대가 누구랄 것도 없이 그렇게 했으니 100번에 한 번은 대단한 사람의 눈에 띄었던 것이다. 나도 A처럼 항상 행동했다면 100번에 한 번 정도는 대단한 사람의 눈에 띄었을지도 모른다. 하지만 나는 항상 행동하지 않았다. A는 누가 보지 않아도 항상 행동하고 있었다.

차이는 여기에 있었다. A가 행운아인 게 아니었으며 그의 주변에만 기회가 찾아온 것이 아니었다. 누구에게나 공평하게 오는 기회를 그는 '언제든 확실히 잡을 수 있는 상태'였던 것이다. 여차할 때나 중요할 때만 행동해서는 행운을 얻을 수 없다. 누가 보지 않아도, 평소에 늘 예의 바르게 행동하고 곤란한 사람을 돕는 것이 기회를 확실히 손에 넣는 지름길이다.

성공하는 가장 쉬운 방법

귀찮은 일은
내가

무조건 성공하는 단 한 가지 방법

해야 하지만 아무도 하지 않는 '귀찮은 일'

'귀찮은 일은 내가'의 마법

무조건 성공하는 단 한 가지 방법

무조건 성공할 수 있는 유일한 방법이 있다. 바로 '다른 사람은 할수 없는 일'을 하는 것이다. 그래서 언제나 계속해서 성과를 올리는 사람은 다른 사람이 할 수 없는 일을 찾는 사고 알고리즘을 가지고 있다.

다른 사람이 할 수 없는 일이라고 하면 어렵고 힘든 일이라고 생각할지도 모른다. 하지만 그런 일 말고도 다른 사람은 할 수 없는 일이 하나 더 있다. 바로 '귀찮은 일'이다. 어렵고 힘든 일과 귀찮은 일을 모두 할 수 있으면 크게 성공하겠지만, 귀찮은 일을 할 수 있기만 해도 충분히 성공한다. 늘 성과를 올리는 사람은 귀찮은 일을 발견했을 때 '다른 사람은 이 일을 절대로 하지 않을 거야!'라며 기뻐한다.

그렇다면 귀찮은 일은 어떻게 발견할 수 있을까? 많은 사람이 귀찮다고 느끼는 것은 대체로 비슷하다. 그래서 자신이 귀찮아하는 일은 대체로 다른 사람에게도 귀찮은 일이다. 여기서 중요한 점은 자신이 '귀찮다고 느꼈다'라는 사실을 확실히 받아들이는 것이다.

성과를 올리지 못하는 사람은 귀찮은 일을 피하는 경향이 있는데, 안타깝게도 자신이 그렇다는 걸 전혀 알지 못한다. 마음속 깊은 곳에서 '아오, 귀찮아'라고 느껴도 받아들이지 않고 '이건 내가 하지 않아도 되는 일이야', '시간이 없으니까 어쩔 수 없어'라면서 하지 않아도 되는 이유를 찾아내고 정당화한다. '귀찮으니까 하지 않는 거야', '나는 지금 게으름 피우고 있어' 같은 생각은 눈곱만큼도 하지 않는다.

해야 하지만 아무도 하지 않는 '귀찮은 일'

그래서 귀찮은 일을 하면 누구나 성공할 수 있다. 귀찮은 일을 발견하는 방법을 좀 더 쉽게 설명하면 그림 6, 7과 같다. 먼저 우리

그림 6   해야 할 일, 하고 싶은 일, 할 수 있는 일

일의 세 가지 유형

가 하는 일들은 대체로 '해야 할 일', '하고 싶은 일', '할 수 있는 일' 세 가지로 나뉜다(그림 6). 이 세 가지 원을 일부 겹치면 일은 일곱 가지로 나뉜다(그림 7).

① 해야 하고, 하고 싶고, 할 수 있는 일=최고의 일

② 해야 하고, 하고 싶은 일=즐거운 일

③ 하고 싶지만 할 필요가 없는 일=자기만족을 위한 일

④ 하고 싶고 할 수 있지만 할 필요가 없는 일=일이 아닌 취미

⑤ 할 수 있지만 할 필요가 없는 일=쓸데없는 일

⑥ 해야 하고 할 수 있는 일=편한 일

⑦ 해야 하지만 아무도 하지 않는 귀찮은 일=성공할 수 있는 일

그림 7 해야 하지만 아무도 하지 않는 '귀찮은 일'

세 가지 일을 일부 겹치면 일곱 가지 일로 나뉜다

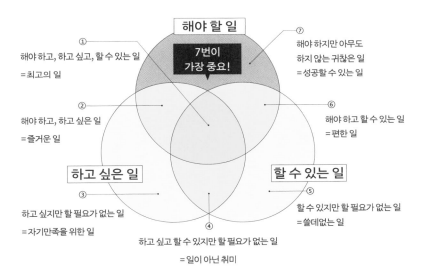

① 해야 하고, 하고 싶고, 할 수 있는 일
= 최고의 일

② 해야 하고, 하고 싶은 일
= 즐거운 일

③ 하고 싶지만 할 필요가 없는 일
= 자기만족을 위한 일

④ 하고 싶고 할 수 있지만 할 필요가 없는 일
= 일이 아닌 취미

⑤ 할 수 있지만 할 필요가 없는 일
= 쓸데없는 일

⑥ 해야 하고 할 수 있는 일
= 편한 일

⑦ 해야 하지만 아무도 하지 않는 귀찮은 일
= 성공할 수 있는 일

해야 할 일 / 하고 싶은 일 / 할 수 있는 일

7번이 가장 중요!

대부분 사람은 하고 싶은 일, 할 수 있는 일만 하고 싶어 한다. 따라서 해야 할 일이지만 하고 싶은 일, 할 수 있는 일이 아닌 7번은 아무도 신경 쓰지 않는다. 이 한 가지만 덩그러니 남아 일이 완료되지 않으니 성과가 나지 않는다. 그 부분만 메꿔줘도 성과가 나오는 것이다.

반대로, 1~6번은 내버려 둬도 누군가는 나서서 한다. 하지만 7번은 반드시 남기 때문에 이것을 하는 사람이 독보적으로 성공할 수 있다. 업무에 임할 때는 남아 있는 귀찮은 일을 찾아 솔선해서 하기만 해도 다른 사람이 낼 수 없는 성과를 낼 수 있다. 그래서 나는 귀찮은 일을 발견하면 기뻐한다.

'귀찮은 일은 내가'의 마법

오늘부터 "귀찮다. 기회다! 하자!"를 입버릇처럼 달고 다니자. 하나하나 생각을 너무 많이 하면 하지 않아도 되는 이유가 떠오른다. 눈앞에 떨어져 있는 쓰레기를 본 순간 '귀찮다'라는 생각이 들면 그 즉시 쓰레기를 주워 쓰레기통에 버리는 습관을 들이자. '귀찮은 일은 내가!'를 주문처럼 외우면 개인과 팀 모두 단번에 성장한다. 속는 셈치고 해보자. 오직 행동한 사람만이 놀라운 마법을 손에 넣을 수 있다.

뛰어난 경영자는 철저하게

고객의
눈높이에서

성장이 멈춘 사람과 계속 성장하는 사람의 차이
고객의 시선에서 모든 것을 보라
고객에게 상품을 전달하는 것까지가 업무
뛰어난 경영자일수록 고객이 우선이다
성과를 계속 내는 사람의 공통점
'열심히 했는가'보다 '고객에게 도움이 되었는가'

성장이 멈춘 사람과 계속 성장하는 사람의 차이

귀찮은 일을 하겠다고 마음먹었어도 더 높은 직위로 승진하게 되면 '이제 나는 자잘한 일은 안 해도 돼'라고 생각하는 사람이 정말로 많다. 그러나 유감스럽게도 바로 그 시점에서 성장이 멈추고 만다. 끊임없이 성장하고 성과를 올리는 사람은 승진해도 계속해서 자잘하고 귀찮은 일을 한다. 사장이나 관리자가 되면 자잘한 일은 일반 사원에게 맡기는 게 당연하다고 생각하지만 이는 커다란 착각이다. 사실 그들의 업무 태반은 '일반 사원이 놓치고 있는 자잘한 일을 주워다가 하는 것'으로 채워진다.

자잘해서 쉽게 놓칠 수 있는 일의 대표적인 예가 자사 상품이나 업무를 고객의 시선에서 계속 검토하는 일이다. 많은 직장인이 처음 상품이나 광고를 만들 때는 고객을 열심히 관찰하며 만든다. 하지만 두 번째 만들 때는 이 과정을 생략하고 전에 만든 상품이나 광고를 보고 만든다. 이런 일이 반복되다 보면 고객으로부터 점점 멀어지게 된다. 따라서 계속 고객의 지지를 얻고 성과를 올리기 위해서는 항상 고객의 시선에서 검토하는 일이 필요하다. 성과를 내는 사람은 매일, 매 순간 검토하고 행동한다.

고객의 시선에서 모든 것을 보라

유니클로는 TV로 광고 영상을 내보내지만 전단지로도 고객을 모은다. 대기업이 되고 나서도 이 전단지를 최종적으로 확인하는 작업은 야나이 사장이 직접 한다. 그는 전단지를 검토하고 나서 "이 옷의 색감을 알기 어렵다"와 같은 지적과 함께 수정을 지시한다.

소프트뱅크의 손정의 사장이 휴대전화 사업에 진출하면서 처음으로 했던 일은 소프트뱅크의 단말기 전 기종을 사장실에 모아 놓고 직접 조작을 확인하는 일이었다. 당시 그가 "여기 조작법을 잘 모르겠다"라며 개선할 것을 요청했더니 개발자가 "사양이 이래서 어쩔 수 없습니다"라고 대답했다. 하지만 손정의는 "사양은 아무래도 좋습니다. 고객이 쓰기 불편하니 무조건 수정하세요"라고 말했다고 한다.

한 패스트푸드 회사에서 상품기획 담당자가 '빅 핫도그'를 만든 적이 있었다. 핫도그용 빵에는 긴 소시지가 끼워져 있었다. 겉으로 봤을 때 인상이 강렬했기에 그는 자신만만하게 사장에게 상품화를 제안했다. 하지만 사장은 그 핫도그를 먹어보고 "한입에 빵을 먹을 수 없다"라고 말했다.

"강렬한 인상을 주기 위해 길게 만들려면 어쩔 수 없습니다."

담당자가 말하자 사장은 고개를 저었다.

"아니에요. 핫도그는 빵과 소시지가 동시에 입에 들어와야 비로소 맛있는 겁니다."

아마 일반 소비자라도 사장과 같은 말을 했을 것이다. 하지만 눈앞의 업무에 쫓기다 보면 고객의 입장을 신경 쓰지 않게 된다.

고객에게 상품을 전달하는 것까지가 업무

많은 사람이 입사 전이나 신입사원 때는 고객들의 입장을 고려하려고 노력한다. 하지만 입사하고 나서 이른바 '회사 측 사람'이 되면 점차 그런 관점을 잃어간다. 회사 측의 사정을 고객이 얻을 혜택보다 우선하기 때문이다. 그러나 언제까지 기획서를 통과시키고, 언제까지 출시해야 하는지 같은 회사 측 사정을 해결하는 것 자체가 목표가 되면 위험하다. "뭐, 이 정도면 됐지", "일정 때문에 어쩔 수 없어" 같은 말을 입버릇처럼 하게 된다.

어떻게 해야 몇 년을 일해도 고객의 입장에서 보는 관점을 계속 유지할 수 있을까? 나는 상품을 만드는 것으로 업무가 끝나는 게 아니라 고객에게 전달하는 것까지가 업무라고 생각한다. 즉 '매우 좋은 상품을 만들었다'가 아닌 '고객에게 이 상품의 혜택이 전달되는 것'이 목적이다. 그래서 늘 고객의 시선으로 보려고 하고 개선하려고 한다.

뛰어난 경영자일수록 고객이 우선이다

기업의 실적이 떨어졌을 때 외부에서 초빙하는 '전문 경영자'라 불리는 사람들의 경영 개선 방법에는 일정한 패턴이 있다. 전문 경영자는 먼저 그 회사의 모든 상품과 서비스를 직접 사용해본다. 자동차라면 전 차종을 운전해보고, 소매유통이라면 전 매장에 직접 가보고, 음식점이라면 전 메뉴를 먹어본다.

이때 고객의 입장이 되어보면 반드시 이상한 부분이 드러난다. 그리고 이를 직원에게 말하면 "그건 ○○이라서 어쩔 수 없다"라는 '회사 측 사정'이 나온다. 그러면 전문 경영자는 "내부 사정

따위 알 바 아니다. 고객이 만족하는 상품과 서비스를 제공할 수 있어야 한다"라며 개혁을 진행한다.

　사람이든 기업이든 '고객 우선'에서 '내부 사정 우선'이 되었을 때 망가지기 시작한다. 따라서 내부 사정의 굴레가 없는 외부의 전문 경영자가 그 내부 사정을 과감하게 끊어줘야 한다. 전문 경영자가 지닌 장점은 획기적인 경영 전략을 수립한다기보다는 무슨 일이 있어도 고객의 시선을 계속 가져가겠다는 의식이 있다는 것이다.

성과를 계속 내는 사람의 공통점

성과를 계속 내는 직장인은 고객의 시선으로 볼 뿐만 아니라, 그렇게 봤을 때 좋지 않은 점이 있으면 그 자리에서 지적하고 완벽해질 때까지 '이렇게 해야 한다'라며 계속 말한다.

　대부분은 이상한 점을 알아차리고 지적하는 것까지는 한다. 하지만 동료나 부하직원이 이유를 대며 하지 않거나 불만을 표시하면 더 이상 말했다가는 미움을 받을 것 같아 포기하고 만다. 플레이어로서는 일류였지만 관리직이나 경영자가 되고 나서 잘나가지 않는 사람은 대개 이런 패턴이다.

　하지만 성과를 계속 내는 사람은 거기서 그만두지 않는다. 동료나 부하직원이 그 업무를 하고 싶어 하지 않는 이유가 그 편이 고객에게 더 좋은 것 같아서라면 의견을 듣고 대화로 조율한다. 만일 하지 않는 이유가 '이렇게 열심히 노력했는데 다시 하라는 거냐?'라면 반드시 다시 할 것을 요구한다.

'열심히 했는가'보다 '고객에게 도움이 되었는가'

업무에서 중요한 것은 '얼마나 열심히 했는가'보다 '얼마나 고객에게 도움이 되었는가'다. 따라서 고객에게 도움이 되는 일을 하는 사람에게는 열심히 했다고 격려하며 계속할 것을 요구해야 한다. 만일 하지 않는다면 직접 해야 한다.

나는 직원들이 '사소하다', '까다롭다'라고 생각하더라도 고객이 만족하는 것이 제일이라고 생각한다. 그래서 직원들에게 업무란 열심히 하는 것이 아니라 고객에게 도움을 주는 것이라는 점을 알려줘야 한다고 본다. 그래야 직원들이 스스로 생각하고 일하며 더욱 성장하기 때문이다.

곧바로 성과 나는

제대로
일 맡기는 법

일류인 사람은 본능대로 살아가지 않는다

타인의 장점을 활용하라

일류인 사람은 본능대로 살아가지 않는다

'남에게 물어보기'를 잘하지 못하는 사람이 있다. 다른 회사, 다른 부서, 고객 등 평소에 소통하지 않는 상대방에게 직접 물어보는 것을 귀찮다고 느낀다. 그래서 어떻게든 전화 등의 직접적인 소통을 피하고 메일로 끝내려고 한다. 따라서 그만큼 시간이 걸린다. 또 한 가지 일에 집중하는 것은 특기지만, 여러 가지 일을 동시에는 잘 진행하지 못하는 사람이 많다.

한편 어떤 사람은 매사를 논리적으로 정리하지 못하거나 숫자의 근거를 찾는 것에 대해 소홀하게 생각한다. 어떤 직원이 "이거 엄청 좋네요"라고 칭찬했던 상품이 있었는데, 한 달 후에 그 직원에게 다시 물어보니 "전혀 좋지 않다"라고 말했다. 그 이유를 물어봐도 그는 논리적으로 설명하지 못했다. 또 보고 사항 등은 아주 생생하고 풍부한 감정으로 전해주는데, 주관이나 감정에 치우쳐져 있거나 숫자의 근거가 없는 사람도 있었다.

그러나 일 잘하는 사람은 세심한 감성을 가지고 있으면서 남에게 물어보는 것도 잘하고 동시에 여러 업무를 병행할 수 있다. 그리고 언제나 논리적으로 생각하고 판단하려 하고 숫자의 근거를 찾아 보고하는 데 능숙하다. 일류인 사람은 편한 대로 일하지 않는다. 자신의 본능을 이해하고 자신을 제어하면서, 극복해야 할 부분은 반드시 극복한다.

타인의 장점을 활용하라

성공하기 위해서는 타고난 약점을 극복하려고 노력해야 하지만 타인의 장점은 최대한 활용해야 한다. 만일 여러분이 상사라면 부하직원에게 어떤 업무를 맡길지 고민했던 적이 있었을 것이다. 그런데 여러분이 아무리 노력해도 할 수 없는 일을 부하직원이 뚝딱 해치우는 경우가 있다.

나 역시 예전에 내가 아무리 노력하더라도 오늘 막 입사한 신입사원이 더 잘하는 일이 있다는 사실을 깨달았다. 나는 쉬운 일이라도 여러 가지 일을 동시에 하지 못한다. 여러 가지 업무를 하나씩 진행하다 보면 난이도에 상관없이 시간이 걸리고 만다. 그래서 나는 여러 개의 단순한 업무를 빠르게 처리해야 할 때는 해당 능력이 뛰어난 직원에게 의뢰한다. 그러면 나보다 몇 배 더 빠른 속도로 업무를 끝낸다.

일의 규모에 따라서도 적합한 능력을 지닌 사람을 배치할 필요가 있다. 어떤 사람은 '전체를 파악하고 목적을 명확히 하기→자신의 포지션을 파악하면서 계획 세우기→준비 기간을 거쳐 시작하기'의 과정을 수월하게 진행할 수 있다. 규모가 큰 업무나 장기적인 업무를 할 때는 이런 사람이 적합하다. 하지만 일단 눈앞의 일이 중요하거나 사정이 급할 때는 적합하지 않다. 그래서 나는 사람의 특성에 맞춰 급한 업무와 장기적인 업무를 분류해 일을 준다.

비교적 규모가 작은 회사는 장기적인 프로젝트보다 일단 눈앞의 업무를 소화하는 것이 중요하다. 반대로 규모가 큰 회사는 오랜 시간과 준비를 요하는 프로젝트가 중심으로 돌아간다. 따라서 상황에 맞춰 필요한 사람을 배치하고 각각의 장점을 살리면 업무에서 시너지 효과를 올릴 수 있다.

◆

문제가 발생했을 때 원인을 해소하려고 하면 미궁에 빠져버리는 경우가 있다. 모두가 원인이라고 생각하는 것이 사실은 원인이 아닌 경우가 있기 때문이다. X의 근력 부족, Y의 리더십 부족은 사실 원인이 아니었다. 잘나가는 사람, 즉 Z와 같은 사람은 원인이 아니라 최종 목적을 다시 상기하고 그곳까지 가는 최단 경로를 찾는다. 이 사고 알고리즘으로 다른 사람보다 10배 더 많은 성과를 올리는 것이다.

2장

목표를 이루는 사람의
사고 알고리즘

원하는 것을 실현시키는
원인과 목적
사고법

'원인 해소 사고'와 '최종 목적 역산 사고'
실패의 원인에 집착하는 사람들
목표에서 역산하는 3단계 사고법
목표 달성 도구, 착안법과 고생법
원인에 집착하지 말고 목적을 상기하라

'원인 해소 사고'와 '최종 목적 역산 사고'

이번 장에서는 반드시 목표를 달성하는 사람의 사고방식 습관을 소개하고자 한다. 뭔가 문제가 발생했을 때 해결하는 방법은 두 가지가 있다. 하나는 원인을 파악하고 이를 해소하는 '원인 해소 사고'다. 다른 하나는 최종적으로 어떻게 되고 싶은지부터 역산해서 생각하는 '최종 목적 역산 사고'다.

이 두 가지를 좀 더 쉽게 이해할 수 있도록 예를 들어 설명하면 이렇다. 출발점에서 목적지까지 24시간 이내에 도달하면 1,000만 원을 받을 수 있는 게임이 있다고 하자. 도전은 몇 번이든 상관없다. 출발점에서 목적지까지는 A, B, C 세 가지 길이 있다. 각각의 길 도중에는 길을 막는 바위가 있어 쉽게 통과하기는 어렵다.

먼저 X가 게임에 참가했다. 알아보니 B 길을 막고 있는 바위가 가장 작아서 충분히 옮길 수 있다고 생각해 B 길을 걷기 시작했다. 그런데 막상 가보니 바위가 예상보다 커서 움직일 수 없었다. X의 첫 도전은 실패로 끝났다. 여기서 그는 '왜 실패했는지'를 생각했다. 이처럼 문제의 원인을 찾아 해소하려는 것이 바로 원인 해소 사고다.

X는 실패의 원인이 바위를 움직일 근력이 부족했기 때문이라고 생각했다. 그래서 2개월 동안 운동한 뒤 재도전했다. 하지만 두 번째 도전 때도 바위를 움직이지 못했다. 어떻게 해야 좋을지 생각하다 바위를 움직이는 훈련을 하는 훈련장을 찾았다. 훈련장에 가보니 많은 사람이 바위를 움직이기 위해 열심히 훈련하고 있었다. 사실 이것은 세상의 축소판이다. 실패한 사람들은 항상 실패의 원인을 찾아 해소하려고 한다.

실패의 원인에 집착하는 사람들

다음 도전자는 Y였다. Y도 B 길을 막고 있는 바위가 가장 작다는 점에 주목했지만 그 역시 바위를 움직이지 못했다. 이때 Y는 '바위를 꼭 혼자 움직여야 한다'라는 규칙은 없음을 깨닫고 사람을 고용해 재도전했다. 하지만 고용한 다섯 명이 생각한 대로 일해주지 않아 두 번째 도전도 실패했다.

Y는 실패의 원인이 자신의 리더십이 부족했기 때문이라고 생각했다. 어떻게 해야 좋을지 생각하는 동안 바위를 움직이는 팀 구성에 대해 알려주는 리더십 세미나를 발견했다. 거금을 들여 세미나 행사장에 도착해보니 많은 사람이 바위를 움직이기 위해 열심히 리더십 강의를 듣고 있었다. 이 역시 세상의 축소판이다. 여러분도 혹시 X와 Y처럼 원인 해소 사고에 갇혀 시행착오를 겪고 있지는 않은가?

목표에서 역산하는 3단계 사고법

세 번째 도전자인 Z는 최종 목적 역산 사고를 활용했다. 최종 목적 역산 사고란 무엇일까?

1. '결국 무엇이 어떻게 되면 좋은지' 최종 목적을 특정하기
2. 최종 목적을 달성하는 방법을 '착안법'과 '고생법'으로 찾기
3. 실현하기 위해 가장 쉬운 방법을 고르기

Z는 최종 목적 역산 사고를 통해 이 게임의 최종 목적이 24시간 이내에 목적지까지 도달하는 것이지, 바위를 움직이는 것이 아니라는 점을 확인했다.

목표 달성 도구, 착안법과 고생법

Z는 최종 목적을 달성하는 방법을 착안법과 고생법으로 찾았다. 이 두 가지 방법은 '적중률 100퍼센트' 지도의 대가로 알려진 이부키 다쿠伊吹卓가 만든 아이디어 창출법이다.

착안법은 성공 사례에서 배우는 것이다. Z는 24시간 이내에 목적지까지 도달해 상금 1,000만 원을 받은 사람을 찾았다. 어떻게 해서 목적지에 도달했는지 물어보니 그는 헬리콥터를 타고 갔다고 한다. 출발점에서 목적지까지는 헬리콥터로 약 3분, 대여료는 30만 원이었다.

고생법은 목표에 도달하기까지 과정을 파악하는 것이다. 여기서는 24시간 이내에 목적지까지 도달하는 것을 염두에 두고 어떤 과제가 있는지를 생각한다. 이 경우 '바위를 움직이는 것'은 필수가 아니다. 바위를 기어올라서 넘어도 된다. Z는 각 길에 놓인 바위의 형태를 살펴봤더니 C 길의 바위가 가장 오르기 쉽다는 사실을 알았다.

그림8 원인 해소 사고와 최종 목적 역산 사고

원인 해소 사고

X

실패 원인은 바위를
움직일 근력이 부족한
것이다

2개월간 훈련해서
재도전

아직 바위를
움직이지 못함

Y

실패 원인은 리더십
부족에 있다

바위를 움직일
팀 구성을 위한
리더십 세미나 참가

아직 바위를
움직이지 못함

최종 목적 역산 사고

Z

성공 사례에서
배우자(착안법)

대여료 30만 원인
헬리콥터를 타면
단 3분 걸린다

아르바이트로
30만 원을 벌어
헬리콥터를 타고
목적지에 도착!

목적지까지 가는 데
어떤 과제가 있는지
생각하자(고생법)

바위를 움직일 필요는 없다

바위를 기어올라
넘어간다
(이번에는 채택하지 않음)

이렇게 착안법과 고생법으로 찾아보면 이 사례에서 나오는 답은 각각 다르다. 이럴 경우는 더 쉽게 목표를 달성할 방법을 고르면 된다. Z가 보기에 헬리콥터를 사용하는 방법과 C 길의 바위를 오르는 방법 중 헬리콥터 쪽이 더 쉬울 것 같았다. Z는 헬리콥터로 목적지까지 가기로 했다. 그리고 헬리콥터 대여료 30만 원을 벌기 위해 아르바이트를 했다. 그는 아르바이트로 번 30만 원으로 헬리콥터에 탑승해 멋지게 목적지에 도달했다.

게임에서 성공한 사람이 나왔다는 소식이 들렸다. 하지만 Z가 어떻게 성공했는지 그 방법은 아직 아무에게도 알려지지 않았다. 그렇다면 훈련장과 리더십 세미나에 다닌 X와 Y는 Z의 성공을 어떻게 파악했을까? X와 훈련장에 있는 사람들은 Z가 엄청난 근육의 소유자일 것이라면서 더 열심히 트레이닝을 했다. Y와 리더십 세미나에 다니는 사람들은 Z가 탁월한 리더십이 있는 사람일 것이라면서 리더십을 익히는 데 더욱 힘썼다.

그러나 실제로 Z에게는 대단한 근력도, 리더십도 없었다. 여러분이 동경하는 성공한 사람도 사실은 여러분과 별반 다르지 않다. 사고 알고리즘이 다를 뿐이다. 많은 사람이 이런 선입견 때문에 굳이 어렵고 힘든 방식으로 일한다.

원인에 집착하지 말고 목적을 상기하라

다른 사례로 생각해보자. 한 커플이 있었다. 한 사람은 집에 있는 것이 좋아서 게임을 하거나 비디오를 보고 싶어 하는데, 다른 사람은 밖에서 노는 것을 좋아해 자연을 만끽하거나 스포츠를 하고 싶어 한다. 두 사람은 휴일을 어떻게 보낼지로 옥신각신하는 일이 많았다. 그들은 어떻게 해야 상대방이 자신의 취미를 이해해줄지 고민했다. 즉 원인 해소 사고를 하고 있었다.

하지만 최종 목적 역산 사고로 생각해보면 다르다. 이들이 싸우는 목적은 '상대방이 자신의 취미를 이해하는 것'이 아닌 '휴일에 둘이 즐겁게 보내는 것'이다. 두 사람은 이 사실을 깨닫고 휴일을 즐겁게 보낼 방법을 찾기 시작했다.

먼저 착안법을 활용해 그들은 취미가 다른데도 휴일을 사이좋게 보내는 커플을 찾아 이야기를 들었다. 그랬더니 그 커플은 격주로 돌아가면서 주도권을 쥐는 규칙으로 휴일을 보낸다고 이야기해주었다. 한 주는 자신의 취미에 상대방이 따르고, 다음 주는 상대방의 취미에 자신이 따르는 것이다.

그 커플의 조언대로 2주에 한 번 상대방의 취미를 따라 하다 보니 두 사람은 조금씩 서로의 취미가 얼마나 재미있는지를 이해할 수 있었다. 하지만 꼭 이해할 필요도 없다. 적어도 2주에 한 번은 자신의 취미에 상대방이 맞춰주니 두 사람 모두 휴일을 즐겁게 보낼 수 있다는 게 중요했다. 원인이라고 생각했던 것은 사실 원인도, 무엇도 아니었다. 둘이 즐겁게 지내는 방법을 찾아내지 못했을 뿐이었다.

이처럼 문제가 발생했을 때 원인을 해소하려고 하면 미궁에 빠져버리는 경우가 있다. 모두가 원인이라고 생각하는 것이 사실은 원인이 아닌 경우가 있기 때문이다. X의 근력 부족, Y의 리더십 부족은 사실 원인이 아니었다. 잘나가는 사람, 즉 Z와 같은 사람은 원인이 아니라 최종 목적을 다시 상기하고 그곳까지 가는 최단 경로를 찾는다. 이 사고 알고리즘으로 다른 사람보다 10배 더 많은 성과를 올리는 것이다.

새롭고 어려운 도전일수록

목표를 절대
잊지 마라

1,000퍼센트 성장도 가능케 하는 사고법

연매출 1,000억 원을 달성한 방법

목표가 뚜렷하면 불가능한 꿈은 없다

1,000퍼센트 성장도 가능케 하는 사고법

앞서 살펴본 내용을 다시 정리하면, 원인을 찾아 해소하려는 사고방식을 '원인 해소 사고'라고 한다. 그리고 목표를 정하고 목표까지 도달하기 위해 행동하는 것을 '최종 목적 역산 사고'라고 한다. 원래 잘되고 있었던 것이 잘되지 않을 때 원래대로 돌아가기 위한 방법으로는 원인 해소 사고가 적합하다. 그러나 새롭게 도전하는 문제의 해결 방법은 최종 목적 역산 사고가 더 적합하다.

목표를 설정하는 경우로 생각해보자. '지금 ○○이니까 목표는 ××'라는 원인 해소 사고로 생각한 목표는 목표가 아니라 '예측'이다. 반면에 'OO이 되고 싶다'라는 소망에서 역산하는 것은 최종 목적 역산 사고다. 즉 예측이 아니라 도달하고자 하는 목표를 떠올린다. 그래서 전자는 120퍼센트 성장에 그치지만 후자는 500퍼센트 성장, 아니 1,000퍼센트 성장도 가능하다.

나중에 프로 야구 선수가 되고 싶은 어린아이가 원인 해소 사고로 프로 선수가 되는 일은 없다. 세상에서 크게 성공하는 사람들의 99퍼센트는 최종 목적 역산 사고를 자유자재로 구사해 그들의 목적을 이룬다.

연매출 1,000억 원을 달성한 방법

지금으로부터 5년 전, 우리 회사의 매출은 200억 원이었다. 그렇게 되기까지 15년이 걸렸으니 원인 해소 사고로 '현재 고객', '현재 상품'을 기점으로 해서 생각하면 1,000억 원이 되기까지는 60년이 걸린다는 계산이 나온다. 하지만 내가 1,000억 원이라는 목표를 세웠을 때 생각했던 건 이런 원인 해소 사고가 아니었다.

나는 새로운 방법으로 나머지 800억 원을 메꾸는 방법을 생각했다. 그러기 위해서는 현재 고객, 현재 상품을 기반으로 하는 것이 아니라 새로운 고객, 새로운 상품을 개척해야 한다는 사실을 깨달았다. 200억 원의 매출 중에는 한 개 상품으로 100억 원의 매출을 올리는 상품이 있었기에, 매출 100억 원짜리 신상품을 새롭게 8개 만들어야겠다고 생각했다.

그러기 위해 나는 업무를 세분화했다. 체계적으로 상품을 개발할 수 있는 시스템을 만들고 고객을 모으는 방식도 바꿨다. 예전에는 회사 홍보를 광고회사에 통째로 맡겼는데, 자체적으로 광고를 운영하면서는 입찰이나 크리에이티브(광고용으로 제작한 각종 산출물—옮긴이)를 튜닝하게 되었다. 그리고 '사고 알고리즘 연수'를 통해 점차 직원들에게 새로운 사고방식 습관을 들이도록 했다. 그 결과 5년 만에 매출 1,000억 원을 달성할 수 있었다.

목표가 뚜렷하면 불가능한 꿈은 없다

인류가 처음으로 하늘을 날았던 것은 1903년이다. 미국 노스캐롤라이나주 키티호크에서 라이트 형제 중 동생인 오빌 라이트가 플라이어호를 타고 12초 동안 약 36미터를 비행해 동력 비행에 최초로 성공했다. 그로부터 불과 66년 후 인류는 달에 내려섰다. 1969년 미 항공우주국의 아폴로 계획으로 발사된 아폴로 11호가 인류 최초의 달 착륙에 성공했다.

이 역사적 쾌거의 이면에 있었던 것이 바로 '목표 설정'이다. 당시 아폴로 계획의 추진에 박차를 가했던 존 F. 케네디 대통령의 연설을 살펴보자. 두 번의 연설이 있었는데, 하나는 1960년대에 유인 달 탐사 계획을 실현하겠다고 선언했던 것으로 정부 관계자들을 대상으로 한 연설이었다. 1961년 5월 25일 케네디 대통령은 예산 확보에 본격적으로 나서기 위해 상·하원 합동의회에서 '국가적 긴급 과제에 관한 특별 의회 연설'이라는 제목으로 연설을 했다.

다른 하나는 1962년 9월 12일에 국민을 대상으로, '우리는 달에 가기로 했습니다We choose to go to the moon'라는 문구로 유명해진 연설이었다. 당시 행사장이었던 라이스대학교의 라이스 스타디움에서는 큰 환호성이 터졌다. 이후 미국 정부는 막대한 예산을 쏟아부어 아폴로 계획을 추진했다. 그리고 1969년 아폴로 11호에 탑승한 인류는 최초로 달에 내려섰고, 그 장면이 전 세계에 생중계되었다.

만일 원인 해소 사고로 생각했다면 분명 어딘가에서 막혀 우주로 가지 못했을 것이다. 비행기는 공기의 부력으로 날아가는 것이므로 우주에서는 날 수 없다. 원인 해소 사고로는 공기가 없는 곳에서 어떻게 부력을 얻어야 할지 아무리 생각해도 알 수 없었을 것이다. 그러나 최종 목적 역산 사고를 하면 공기가 없는 우주 공간을 날기 위한 완전히 다른 방법을 생각해야 한다. 그래서 비행기가 아닌 '로켓'이라는 새로운 비행물체의 개발이 이루어졌다.

그로부터 50년 이상이 지났지만 인류는 아직 달을 넘어 더 나아가지 못하고 있다. 1979년에 방송된 인기 애니메이션 〈기동전사 건담〉을 보면 2045년부터 인류가 우주 식민지space colony에 살기 시작했다는 설정으로 되어 있다(여러 설이 있지만). 불과 66년 만에 비행기에서 달 착륙까지 진행되었으니, 방송 시작으로부터 66년 후인 2045년에는 우주에서 사는 시대가 되더라도 이상하지 않다고 생각할 수 있다.

하지만 현실은 그렇지 않다. 일론 머스크가 화성 이주 계획을 내걸고 있지만 실현까지는 아직 시간이 걸릴 것으로 보인다. 명확한 목표 설정이 없기 때문이다. 목표 달성을 위한 단순한 법칙이 여기에 있다. 바로 이루고자 하는 것, 즉 목표를 분명히 해야한다는 점이다.

일 잘하고 유능한 사람은
쉽게 쉽게
일한다

전략이란 무엇인가
유능한 사람보다 성과를 내는 사람

전략이란 무엇인가

전략戰略이란 말 그대로 '싸움戰을 생략略하는' 것이다. 어떤 일에서 성과를 내려면 바로 이 전략, 즉 불확실한 부분을 생략할 방법을 써야 한다. 하지만 대부분 사람은 무심결에 불확실한 부분을 확실하게 만드는 방법을 생각하고 만다. 계속해서 성과를 올리는 사람은 '불확실한 부분을 피하고 다른 것으로 보완하는 방법'을 쓴다.

언젠가 업계에서 꽤 성공한 회사의 사장에게 이렇게 물어본 적이 있었다.

"우리 회사는 이러이러한 점이 좀처럼 잘되지 않고 있는데, 귀사는 어떻게 하고 있습니까?"

그랬더니 그 사장은 이렇게 말했다.

"우리는 그렇게 어렵거나 불확실한 일에는 시간도, 돈도 할애하지 않습니다."

불확실하고 잘 안 되는 일에 자원을 투입하지 않고 생략하는 것이 손쉽게 성공하는 길이다. 반면에 어려움을 겪고 있는 회사를 살펴보면 힘들고 불확실한 일에 많은 돈과 시간을 투자하는 것을 볼 수 있다. 이런 회사는 애초에 '싸움을 생략한다'라는 전략의 본질에서 벗어난 것이다.

유능한 사람보다 성과를 내는 사람

개인적으로 아주 인상 깊은 우주 개발에 관한 에피소드가 있다. 볼펜은 무중력 상태에서는 잉크가 펜 끝까지 닿지 않아 우주 공간에서는 글씨를 쓸 수 없다. 이에 나사NASA의 한 우수한 과학자가 10년이라는 세월과 120억 달러를 들여 연구를 거듭했다. 그 결과 그는 무중력에서도, 위아래를 거꾸로 해도, 물속에서도, 영하에서도, 고온 상태에서도 글씨를 쓸 수 있는 볼펜을 개발했다. 그런데 당시 러시아(구소련)는 연필을 사용했다고 한다. 그러자

'나사가 거액의 개발비를 투입한 것은 실수다', '무중력에서 글씨를 쓸 수 있는 볼펜이 실제로 있다', '러시아가 연필을 사용했는지는 불분명하다' 등 여러 설이 나돌았다.

나는 이 이야기에서 최소 시간에 최대 성과를 올리는 일에 대한 교훈을 얻었다. 지금 내가 하는 업무가 혹시 나사의 볼펜을 개발하는 일은 아닌지, 어딘가에 연필이 있는 것은 아닌지 늘 의식하게 된 것이다.

유능하지만 성과를 내지 못하는 사람은 나사의 볼펜을 개발하고 있는 경우가 많다. 우리는 '유능한 사람'이 아닌 '성과를 내는 사람'이 되어야 한다. 성과를 내는 사람은 대체로 연필을 사용하고 있으며, 쓸데없는 볼펜 개발에 시간을 할애하지 않는다. 자신도 모르는 사이에 볼펜 개발을 하고 있지는 않았는가? 힘들고 어려운 일에 몰두하는 자신에게 흡족해하지 말고 고개를 들어 주변에 연필이 없는지 찾아보자.

더 큰 가치를 원할 땐

백지 초기화
사고법

다시 처음부터 시작한다면 어떻게 할 것인가?
'지금까지 해왔으니까'에서 벗어나라
고객이 가장 원하는 것에 집중하라

다시 처음부터 시작한다면 어떻게 할 것인가?

성과를 올리려면 항상 백지상태로 의식을 되돌려 생각하는 '백지 초기화 사고'를 익혀야 한다. 사업을 하고 있는 사람도 '지금 다시 처음부터 창업한다면 어떤 사업이 가장 성공하기 쉬울지'를 항상 생각해야 한다. 만약 그것이 현재 사업과 다르다면 '현재 사업을 확장할지'와 '새로운 사업으로 궤도를 수정할지' 중 어느 쪽이 단기간에 성공할지를 생각하고 더 빠를 법한 쪽을 선택한다.

예를 들어 매출 100억 원인 회사를 매출 300억 원으로 만들고 싶다고 하자. 대부분 사람은 어떻게든 아이디어를 짜내서 현재 사업을 확장해 매출 300억 원을 만들고자 한다. 하지만 백지 초기화 사고를 통해 현재 사업을 300억 원으로 만드는 방법과, 현재 사업을 초기화하고 다시 창업해 매출 300억 원을 내는 방법 중 어느 쪽을 더 빨리 달성할 수 있을지를 생각해야 한다.

요즘처럼 혁신이 자주 발생하는 환경이라면 구태의연한 사업을 100억 원에서 300억 원으로 확장하기보다 처음부터 시류에 편승한 비즈니스에 진입하는 쪽이 더 빠를 수 있다. 또는 기존 방식을 버리고 새로운 방식으로 갈아타는 것이 더 빠를 수 있다.

'지금까지 해왔으니까'에서 벗어나라

예전에 나는 게와 멜론 등 홋카이도 특산품을 판매하는 인터넷 쇼핑몰 사업을 하고 있었다. 그러다 친구의 회사가 정기 구매 모델 사업으로 성공한 것을 보고 나도 그 친구에게 정기 구매 사업을 배우고 실행해보려 했다.

정기 구매란 사용자가 상품을 계속해서 구매해주는 판매 형태다. 처음에 나는 기존 사업의 연장선상에서 홋카이도 특산품의 세트 상품을 만들어 매달 제철 특산품 세트를 보내주는 구독 서비스로 정기 구매를 촉진하고자 했다. 하지만 다양한 식품을 모아 한 번에 보내기가 어려워 고전했다. 식품마다 적정한 온도와 유통기한이 달랐기 때문이다.

꽤 어려워 포기하려던 차에 아버지의 사업을 물려받은 한 여성을 만났다. 그녀 역시 비슷한 시기에 내 친구에게 정기 구매에 관해 배웠다. 그리고 갑자기 부모에게 물려받은 사업에서 깨끗이 발을 빼고 처음부터 다시 하겠다며 다이어트 상품의 정기 구매 사업을 시작했다. 그녀의 신규 사업은 급성장했고 우리 회사의 매출을 순식간에 앞질렀다.

그녀를 가까이서 지켜본 나는 홋카이도 특산품으로 정기 구매를 계속하는 것이 아닌, 새로운 정기 구매를 위한 상품을 만드는 것이 더 낫다는 걸 깨달았다. 그래서 올리고당을 원료로 만든 건강식품을 들여와 정기 구매 사업을 시작했다. 그로부터 몇 년 만에 우리 회사는 상장 기업이 되었다.

이처럼 성과를 올리려면 백지 초기화 사고를 장착해야 한다. 지금 내가 성과를 내고 싶은 것인지, 현재 업무를 하고 싶은 것인지 신중하게 생각한다. '지금까지 해왔으니까'라는 생각만으로 현재 사업을 고집할 필요는 없다. 매몰 비용sunk cost(과거에 지불해서 더 이상 회수할 수 없는 비용)에 휘둘려서는 안 된다. 미래의 의사결정을 할 때는 매몰 비용을 생각하지 말고 향후의 손익만을 생각하는 것이 합리적인 판단이다.

고객이 가장 원하는 것에 집중하라

단순히 현재 사업을 그만두고 궤도를 수정하려고 하면 너무 막연하고 때론 두려울 수도 있다. 하지만 사업이란 세상에 가치를 제공하는 일이다. '세상에 가장 큰 가치를 줄 수 있는 사업으로 전환하는 것이 모두를 위한 일'이라고 생각해보자.

내가 사업을 홋카이도 특산품에서 건강식품 위주로 바꿨을 때 "돈만 벌면 뭐든지 다 되는 줄 아냐!"라고 말하는 지인이 있었다. 하지만 홋카이도 특산품보다 건강식품이 더 잘 팔리는 이유는 고객이 건강식품을 더 좋아하고 세상에 도움이 되기 때문이다. 고객은 도움이 되는 상품에 돈을 낸다. 매출은 고객이 얼마나 그 상품을 좋아하는지를 말해준다.

고객이 가장 좋아해주는 일에 자신의 힘을 집중하라. 항상 백지상태로 생각한다는 사고 알고리즘을 장착하고 계속 자신에게 질문을 던지자.

'지금 방식이 세상에 큰 가치를 제공한다고 말할 수 있을까?'

'더 큰 가치를 제공할 수 있는 다른 방법이 있지는 않을까?'

시시각각 변하는 트렌드를 주시하라

무기 교체의
전략

똑같은 업무만 하다 보면 시대에 뒤쳐진다

요즘 소비자들이 좋아하는 것

진화하는 무기로 새로운 싸움에 대비하라

똑같은 업무만 하다 보면 시대에 뒤처진다

우리 회사는 창업에서부터 매출 1,000억 원에 도달하기까지 20년이 걸렸다. 그런데 창업한 지 불과 3년 만에 매출 1,000억 원을 달성한 회사도 있다. 그 회사가 걸어온 길을 살펴보면 우리 회사가 고생했던 일을 겪지 않은 경우도 많다. 시대와 함께 테크놀로지가 진화하면서 새로운 전략과 전술이 생겨났기 때문이다.

내가 창업했던 2000년 무렵, 인터넷 쇼핑몰의 고객은 컴퓨터를 사용하는 것이 당연했다. 하지만 2008년에 스마트폰이 등장하면서 모든 쇼핑 방식은 스마트폰에 맞춰 바뀌었다. 그래서 우리도 창업 초반에는 컴퓨터를 지원하는 시스템만 있었는데, 점차 스마트폰을 지원하는 시스템을 도입해 두 가지 방식을 병행했다. 하지만 스마트폰이 주류가 되고 나서 생긴 회사는 처음부터 스마트폰에 특화된 단순한 시스템을 도입했다.

또 우리 회사는 업무 시스템을 독자적으로 구축했는데, 최근에는 간단한 도구를 조합하면 얼마든지 시스템을 구축할 수 있다. 그래서일까. 신생 회사에 다니는 사람에게 "우리는 이런 일로 고생하고 있는데, 그 회사는 어떻게 대처하고 있어요?"라고 물어보면 오히려 "그런 문제가 있어요?"라며 되묻는 경우가 많다.

눈앞의 업무만 하다 보면 목표를 달성하는 새로운 방법이 잇달아 생겨나고 있다는 사실을 깨닫지 못한다. 주의하라. 지금 여러분의 전략과 전술은 하루가 갈수록 구식이 되어가고 있다.

요즘 소비자들이 좋아하는 것

내가 막 인터넷 쇼핑몰을 시작했을 무렵, 그때까지 종이 매체만 고집하던 대기업 통신판매 업체가 인터넷 쇼핑몰 시장으로 진입했다. 주위에서 큰 기대를 받았지만 이상하게도 좀처럼 잘되지 않았다. 다양한 이유가 있겠지만, 나중에 알게 된 가장 큰 이유는 바로 '사진'이었다.

종이 매체가 위주였던 그 업체는 기존에 해오던 방식으로 상품 사진을 올렸다. 예를 들어 게를 찍는다면 당시에는 게의 전체적인 모습을 찍고 배경에 파도의 물보라 이미지를 넣는 것이 정석이었다. 하지만 문제는 판매로 이어지지 않았다는 것이다. 이 업체에서 만든 판매 사이트는 마치 선물용 카탈로그와 흡사했다. '맛있을 법한' 사진이 아닌 '스펙을 알 수 있고' '프리미엄 느낌이 전해지는' 사진이었다.

반면에 나는 아마추어인지라 '맛있어 보이려면 사진을 어떻게 찍어야 좋을까?' 하면서 막 쪄낸 게에서 김이 모락모락 나는 사진이나 그야말로 입에 넣으려고 하는 순간의 사진 등을 찍어 인터넷에 올렸다. 선입견이나 전례가 없었기에 사진을 보는 소비자의 관점에서 방법을 고민하고 실행했다. 그래서 내가 찍은 사진은 선물용 카탈로그가 아닌 음식점의 메뉴판 같았다. 하지만 놀랍게도 그 사진이 고객의 마음을 사로잡았고 구매로 이어졌다.

내가 그 통신판매 업체의 베테랑 직원들에게 이 이야기를 했더니, 그런 방법은 전혀 생각지도 못했다고 했다. 내가 그들과 달랐던 것은 선입견이나 전례가 없으니 소비자 관점에서 가장 좋아할 만한 사진을 고민했다는 점이다.

지금 나는 그때 통신판매 업체의 직원과 같은 기분을 요즘 세

대들을 보며 느끼곤 한다. 나도 소비자의 관점에서 똑같이 고민하지만 과연 지금의 소비자가 좋아할 만한 방법일까? 언제나 새로운 싸움에 대비해 최신의 전략을 세워야 한다.

진화하는 무기로 새로운 싸움에 대비하라

일본의 역사를 살펴보면 창이 전투에서 사용되면서 엄청난 성과를 올린 시기는 남북조 시대(1336~1392, 일본 역사상 천황이 두 명이었던 시기로, 조정이 둘로 나뉘어 전국적으로 내란을 겪었던 시기—옮긴이)였다. 가마쿠라 시대 중반까지는 기마 무사들이 벌이는 개인전이 주류였는데 창이 보급되면서 농민을 주력으로 하는 보병부대가 등장했고 전투는 개인전에서 집단전이 되었다. 이 보병부대와 창을 보유한 무장 중에서 천하통일을 목표로 하는 전국시대 영주가 탄생했다.

조총의 등장도 역사를 크게 바꿨다. 예전의 전투 방식이나 무기를 고집하지 않고 조총의 위력을 인정하고 대량 도입한 무장이 천하를 차지했다. 이것이 역사 속 이야기라고 생각해서는 안 된다. 비즈니스에서도 현재진행형인 이야기다.

앞서 목적지까지 24시간 이내에 도달하면 1,000만 원을 상금으로 받는 게임 이야기를 떠올려보자. 근력을 단련하는 훈련만 고집했던 사람, 리더십만 계속 익혔던 사람과 달리 헬리콥터를 타고 냉큼 목적지에 도달한 사람이 있었다. 여러분이 깨닫지 못하고 있을 뿐이지 이와 똑같은 일이 분명 여러분의 주위에서도 일어나고 있을 것이다.

고생하지 않고 성공하려면 최종 목적 역산 사고를 활용하라. 그리고 새로운 싸움의 방식을 항상 연구하라. 성공한 사람을 보거나 이야기를 들으면 성공한 방법에 대한 정보를 모으고 그 방식을 도입할지 결정하라. 무엇보다 곧장 움직이는 것이 중요하다.

계획이 저절로 세워지는
목표 수치화
법칙

'월별'보다 '일별' 숫자가 실감하기 쉬운 이유

팀 목표는 한눈에 보이도록 가시화하라

최종 목표에서 역산해서 계획하라

'월별'보다 '일별' 숫자가 실감하기 쉬운 이유

목표를 세워도 현실감이 없으면 그저 소망이 되고 만다. 그래서 목표를 세울 때는 '실감하기 쉬운 수치'로 세워야 한다. 목표를 구체적으로 설정하면 매일매일의 행동이 달라져 비약적으로 성장할 수 있다. 그렇다면 실감하기 쉬운 수치란 어떤 걸까? 예를 들어 '인생은 80년'이 아닌 '인생은 2만 9,200일'이라고 생각해야 하루하루를 소중하게 살려는 마음이 더 강해진다. 마찬가지로 목표 달성 기한을 '3개월 후'가 아닌 '60영업일 후'라고 해야 시간을 어떻게 쓸지 구체적으로 생각할 수 있다.

이렇게 날수로 바꾸면 의외로 시간이 없고 곧장 행동하지 않으면 기한에 맞출 수 없다는 사실을 깨닫는다. '이번 주 중'이라든지 '이번 달 중'으로 기한을 정하면 '남은 날짜 ○일', '오늘은 무엇을 할지'가 잘 그려지지 않는다. 이래서는 목표를 달성할 수 없다. '오늘 퇴근 전까지'가 아닌 '7시간 반 이내'로 생각하자. 달성까지 기한의 범위도 중요하다. 기한을 '올해 중'이라고 하면 어쩐지 시간이 있는 것처럼 느껴져 절박감이 없다. 기한은 길어도 90일 이내로 한다.

목표 숫자는 월이나 주가 아닌 일 단위로 분해하면 실감하기 쉽다. 예를 들어 '월 5만 개 판매한다'보다 '하루 1,666개 판매한다'로 한다. 월별 단위로 목표를 세우면 '한 달 동안 어떻게든 되겠지', '월말에 한 방 역전' 같은 안이한 생각이 생겨나기 쉽다. 최종적으로 5만 개를 판매할 수 있을지 없을지 허술하게 판단하게 되고, 개선 기회는 한 달에 단 한 번뿐이다. 반면에 일별 목표는 매일 진척 상황을 파악할 수 있고 잘되지 않는 경우는 매일 개선할 수 있다. 어쨌든 한 달에 30번의 개선 기회가 있다.

팀 목표는 한눈에 보이도록 가시화하라

목표 수치는 항상 눈에 들어오는 상태로 만들고 24시간 목표를 의식하는 환경을 만든다. 목표 수치, 남은 일수를 벽에 붙여보자. 팀 목표는 모든 사람의 진척 상황을 한눈에 알 수 있도록 가시화한다. 아날로그 느낌의 보드도 좋고, 인터넷 시스템도 좋다. 모든 사람이 지금 어떤 상태에 있는지, 잘되어가고 있는지, 달성까지 얼마나 남았는지가 일목요연하게 정리된 환경을 만든다.

마치 야구에서 선수 전원이 이닝, 득점, 아웃 카운트, 볼 카운트, 주자 상황 등을 파악하고 있는 것과 같다. 모든 사람이 상황을 파악하고 있기에 적절한 연계 플레이가 가능하다. 하지만 이렇게 가시화하지 않고 당사자에게 보고받는 방법만 쓰면 잘되어가고 있는지 실시간으로 알 수 없고, 사람에 따라서는 계산을 실수하기도 해서 올바른 전략 변경과 수정이 불가능하다.

최종 목표에서 역산해서 계획하라

우리 회사에서는 상품 개발 일정을 시각화하는 시스템을 만들었다. 시작일을 입력하기만 하면 언제까지 무엇을 해야 할지가 자동으로 표시된다. 예를 들어 화장품 하나를 개발하는 데는 1~2년이 걸리는데, 2022년 10월 11일에 프로젝트가 시작되면 자동으로 약 2년 후인 2024년 10월 11일이 출시일로 정해진다. 우리 회사는 출시 전에 모든 직원이 사용 테스트를 진행해서 출시일 1개월 이상 전에 납품되어야 하므로 상품 납품일은 9월 11일이다. 9월 11일에 납품되려면 패키지에 내용물을 채우는 데 1개월이 걸리니 패키지 납품일은 8월 11일이다. 보존효력(품질) 테스트와 모니터 요원 테스트는 3개월이 걸리니 시작 날짜는 5월 11일이다. 그러면 1개월 전인 4월 11일에 모니터 요원 모집을 시작해야 한다.

- 출시 시작: 2024년 10월 11일
- 상품 납품일: 2024년 9월 11일
- 패키지 납품일: 2024년 8월 11일
- 보존효력(품질) 테스트: 2024년 5월 11일
- 모니터 요원 테스트: 2024년 5월 11일
- 모니터 요원 모집 시작: 2024년 4월 11일
- 프로젝트 시작: 2022년 10월 11일

이렇게 각 공정 납기가 자동 표시되고, 담당자는 전체 공정을 살펴보면서 각자의 업무를 기한까지 끝낸다. 이 시스템이 없었을 때는 하나하나의 공정이 끝날 때마다 다음 공정에 들어갔기에 언제 완성될지 알 수 없는 상황이었다. 하지만 그간의 실제 작업 데이터를 분석해서 이제는 자동으로 표시되게끔 했다.

일수는 영업일(주말 및 공휴일을 제외하고)로 계산한다. 흔히 '황금 연휴'라서 납기가 늦어진다, '설 연휴'가 끼어 있어서 납기가 늦어진다고 하는데 연휴는 미리 알 수 있으니 처음부터 일정에 포함시킨다. 여기서 1년을 365일로 생각해서는 안 된다. 영업일로 따져보면 일수가 그렇게 많지 않다. 주말에 쉬는 회사라면 주 5일에 4주, 공휴일까지 고려하면 한 달은 21~22영업일 정도일 것이다. 하지만 실제로는 2월처럼 일수가 적은 달도 있고, 설 연휴와 여름휴가를 고려하면 1년은 240영업일 정도밖에 없다.

우리 회사는 8년 전부터 상품 하나하나의 공정 관리에 독자적인 시스템을 도입해 상품개발부 담당자가 이를 관리한다. 최종 납기로부터 역산해 각 공정의 진척 상황을 확인하면서 업무를 진행한다. 어딘가의 공정이 늦어져 날짜가 변경되면 변경 이력이 남기 때문에 일정 관리가 확실히 되고 있는지 여부를 알 수 있다.

어떤 업무든 기한이 있다. 따라서 언제까지 무엇을 할지 항상 관리해야 한다. 이 방법은 경영 계획에서도 흔히 사용된다. 신규 사업을 론칭해서 3년 후 매출 100억 원을 목표로 하는 경우라면 2년 후 ○억 원, 1년 후 ○억 원과 같은 계획과 공정 관리가 필요하다. 도중에 지금 전략으로 목표에 도달하지 못할 것 같으면 전략을 바꿀 필요가 있다.

이처럼 목표를 잘 설정하면 매일매일의 행동이 달라지고 비약적으로 성장한다. 매일의 과제를 일상적으로 실천하는 사람이 성과를 계속 올릴 수 있음을 기억하라.

운이 아닌 전략으로 승부하는

100퍼센트
목표 달성법

당신은 성공을 '운'에 맡기고 있지 않은가
목표를 반드시 달성하는 사람의 전략 수립 3단계
'무엇을 하는가'보다 '해낼 수 있는가'를 생각하라

당신은 성공을 '운'에 맡기고 있지 않은가

목표를 달성할 때도 있고 그렇지 못할 때도 있는 사람이 있는 반면 언제나 반드시 목표를 달성해내는 사람이 있다. 두 사람은 전혀 다른 사고 알고리즘을 가지고 있다.

먼저 달성할 때도 있고 못할 때도 있는 사람부터 살펴보자. 이들은 A라는 전략이 잘 들어맞으면 목표를 달성할 수 있으니 꼭 하겠다고 생각한다. 하지만 이 말을 곰곰이 따져보면 A 전략이 잘 먹히지 않으면 달성하지 못한다는 뜻이다. '꼭 하겠다'라는 말은 A 전략을 꼭 실행하겠다는 의미이지, 목표를 꼭 달성하겠다는 의

미가 아니다. 이런 사고방식이면 달성해냈다고 해도 우연히 잘 들어맞은 것일 뿐이다. 그래서 다음번에도 달성할 수 있을지 없을지는 운에 맡기게 된다. 그리고 이렇게 생각한다.

'이번에 실패한 건 A 전략이 잘 먹히지 않았기 때문이야. 내 책임이 아니지. 나는 해야 할 일을 모두 했으니 후회는 없어.'

즉 목표를 달성하지 못하면 운 탓을 하거나 자기 책임이 아니라며 남에게 원인을 돌린다. 그러고서 후회가 없다며 자기만족에 머무르고 만다. '○○가 잘되면 달성할 수 있다'라는 사고방식은 전략이 아닌 도박이다.

목표를 반드시 달성하는 사람의 전략 수립 3단계

목표를 반드시 달성해내는 사람은 다음과 같은 사고 알고리즘으로 생각하고 실천한다. 'A 전략이 잘 먹힐 확률은 25퍼센트(대략 느낌으로 추측한 수치도 좋다)이니 나머지 75퍼센트를 메꿀 B 전략을 함께 준비하자. 아니면 각각 25퍼센트인 C, D, E 세 가지 전략을 준비해 나머지 75퍼센트를 메꾸자.'

항상 목표를 달성해내는 사람의 '꼭 하겠다'라는 말은 달성 확률 합계가 100퍼센트인 전략을 준비해서 반드시 달성하겠다는 뜻이다. 따라서 실제 업무를 하기 전에 전략을 세우는 데 많은 시간과 노력을 들인다. 전략을 세우는 과정은 다음 세 가지 단계로 진행한다.

1. 착안법으로 생각한다. 다른 사람이 성공한 방법을 검색하거나, 이미 그 분야에서 성공한 사람에게 물어본다.

2. 처음부터 예산이나 권한이라는 틀 안에서 생각하면 전략을 세울 수 있는 폭이 좁아진다. 그래서 만일 예산이나 권한이 무제한이라면 어떤 방법으로 실현할 수 있을지를 생각한다. 예를 들어 머릿속에 이미지가 잘 떠오르지 않으면 '예산이 10억~100억 원이고 사장과 똑같은 권한을 가지고 있다면 어떻게 할 것인지' 생각해본다. 그런 다음 떠오른 방법을 '어떻게 현실적인 예산이나 권한 안으로 끌어올 것인지' 생각한다.

3. 매일매일 상황이 달라지면서 '부족해진 달성 확률'을 확인하며 부족한 만큼의 전략을 보충한다. 전략이 실패하고 나서 부랴부랴 새로운 작전을 생각하기는 어려우니 항상 100퍼센트를 채워 준비한다. 그러면 안 된 만큼만 추가하면 된다.

'무엇을 하는가'보다 '해낼 수 있는가'를 생각하라

진척 상황을 확인하면서 이대로 진행했다가는 목표를 달성하지 못할 걸 알게 되면 곧장 현재 업무를 중단하고 전략을 다시 짜야한다. 달성하지 못한다는 것을 알고 있으면서 지금 방식을 계속해봐야 의미가 없다.

전략을 다시 세울 때는 일단 모든 것을 멈추고 처음부터 작전을 다시 만든다. 지금까지의 연장선상에서 분발하는 것이 아니라 일단 초기화하고 최종 목적 역산 사고로 최적의 방법을 다시 찾는 것이다. 이때 지금까지 해왔던 일이 헛수고가 되어도 좋다.

전략이 없으면 지금 하고 있는 일을 더욱 분발해서 하려고 한다. 하지만 전략이 있으면 '지금 무엇을 하고 있는지'가 아니라 '목표를 달성할 가능성이 가장 큰 업무'로 전환하려고 한다. 따라서 전략이 없을 때보다 방법도 압도적으로 많이 생기고 업무의 질도 훨씬 개선된다.

가장 중요한 것은 마지막 하루까지 포기하지 않는 것이다. 포기하지 않고 계속 생각해서 하루 한 번 전략 개선을 실천한다면 최소한 한 달에 20번, 3개월이면 60번이나 전략을 검토할 수 있다. 'A 전략이 안 먹혔기 때문에 잘 안 되었지만 끝까지 해냈으니 만족하는 사람'과 'A 전략이 안 먹힌다는 것을 알고 60번 검토해서 목표를 달성한 사람'이 있다면 3개월 뒤 이들의 실력에 커다란 차이가 생기는 건 너무 당연하다.

실행 전 한눈에 파악하는

성공 확률
계산법

'성공하는 설계도'를 작성하는 법

◆

'성공하는 설계도'를 작성하는 법

일상적으로 목표를 달성하는 더 구체적인 방법을 살펴보자. 목표를 달성한 사람은 그저 단순히 눈앞의 일을 열심히 한 것뿐만이 아니다. 명확한 목적을 설정하고 구체적인 계획을 세워 매일매일 실행했다. 즉 충분한 준비 과정을 거쳤다. 아무런 계획 없이 집을 나서 무작정 걸어봐야 근처 뒷산의 꼭대기에 도달하는 경우는 있어도 큰 산의 정상에 도달하는 경우는 없다. 어느 정도 이상의 성과를 내려면 충분한 준비와 계획이 필요하다. 이는 업무에서도 마찬가지다.

목표를 달성하려면 구체적인 계획이 필요하다. 성과를 올리려면 '이론상 성공하는 설계도'를 작성하고 이론과 현실의 차이를 메꿔가야 한다. 여기서는 영업에서 신규 고객을 한 달에 100건 유치하는 경우를 생각해보자.

1. 설계도 작성

먼저 이론상 성공하는 설계도를 작성한다(그림 9-1). 그림 9-1에서 보듯이 A~D 전략이 모두 잘되면 200건을 유치할 수 있다. 목표 건수의 두 배에 해당하는 숫자다. 그러나 여기서 만족해서는 안 된다. 각 전략의 구체적인 행동과 성공할 확률을 냉정하게 판단해서 입력한다. 그리고 예상 수와 성공 확률을 곱하면 전망 수가 나온다.

이 사례 같은 경우 전망 수의 합계는 57건으로, 목표인 100건보다 43건 부족하다. 많은 전략을 준비해도 각각의 성공 확률이 낮으면 아무리 전략이 있어도 부족하다는 사실을 알 수 있다.

그래서 E~G 전략을 추가해 전망 수를 100건 이상으로 만든다. 그러면 그림 9-2와 같은 이론상 성공하는 설계도가 완성된다. 월초에 이 설계도가 완성돼 있어야 한다.

그림 9-1 이론상 성공하는 설계도 1

방안	예상 수	구체적인 행동	성공 확률	전망 수
A 전략	40	~을 한다	40%	16
B 전략	30	~을 한다	30%	9
C 전략	60	~을 한다	30%	18
D 전략	70	~을 한다	20%	14
목표 차	–	–	–	-43

예상 수
합계 200건

전망 수
57건

그림 9-2 이론상 성공하는 설계도 2

방안	예상 수	구체적인 행동	성공 확률	전망 수
A 전략	40	~을 한다	40%	16
B 전략	30	~을 한다	30%	9
C 전략	60	~을 한다	30%	18
D 전략	70	~을 한다	20%	14
E 전략	30	~을 한다	40%	12
F 전략	60	~을 한다	30%	18
G 전략	40	~을 한다	40%	16
합계	330	–	–	103
목표 차	–	–	–	+3

E~G 전략을 추가

※ 전략 E~G를 추가해 전망 수 합계를 100 이상으로 만든다.

※ 이론상 성공하는 설계도가 완성되었다! 월초에 이 설계도가 완성되어 있어야 한다(지도 없이 달리기 시작하면 안 된다).

그림 10 전략 수행

방안	예상 수	구체적인 행동	성공 확률	전망 수
A 전략	40	~을 한다	0%	0
B 전략	30	~을 한다	33%	10
C 전략	60	~을 한다	0%	0
D 전략	70	~을 한다	20%	14
E 전략	30	~을 한다	40%	12
F 전략	60	~을 한다	30%	18
G 전략	40	~을 한다	40%	16
합계	330	–	–	70
목표 차	–	–	–	-30

2. 전략 수행

일에 착수한 지 5일이 지났을 때 A~C 전략을 실시한 결과는 다음과 같았다.

- A: 완전히 실패→성공 확률 0퍼센트로 수정
- B: 10건밖에 해내지 못함→성공 확률 33퍼센트로 수정
- C: 완전히 실패→성공 확률 0퍼센트로 수정

이대로라면 전망 수 합계가 30건 부족해진다(그림 10). 5일 전과는 상황이 달라졌으므로 전략을 다시 세울 필요가 있다.

그림 11 전략 변경

방안	예상 수	구체적인 행동	성공 확률	전망 수
A 전략	40	~을 한다	0%	0
B 전략	30	~을 한다	33%	10
C 전략	60	~을 한다	0%	0
D 전략	70	~을 한다	20%	14
E 전략	30	~을 한다	40%	12
F 전략	60	~을 한다	30%	18
G 전략	40	~을 한다	40%	16
H 제안	60	~을 한다	30%	18
I 제안	20	~을 한다	5%	1
J 제안	20	~을 한다	10%	2
K 제안	10	~을 한다	20%	2
L 제안	10	~을 한다	10%	1
M 제안	20	~을 한다	10%	2
N 제안	10	~을 한다	20%	2
O 제안	10	~을 한다	20%	2
합계	490	–	–	100
목표 차	–	–	–	0

3. 전략 변경

전략을 변경해 H~O 제안을 추가해서 전망 수 100건을 유지한다(그림 11). 이 계획을 유지하지 못하면 목표를 달성하는 것은 무리다. 전략을 수행하면 전망 수가 변동되는데, 목표인 100건 이

하가 되면 하루 이내에 새로운 전략을 추가한다. 다만 새롭게 추가한 전략은 자잘해지는 경우가 많다. 자잘하다 보니 방안이 많아진다.

전망 수를 높이는 방법은 두 가지가 있다. 방안 수를 늘리거나, 방안의 성공 확률을 올리는 것이다. 예를 들어 I 제안의 예상 수는 20건인데 성공 확률이 5퍼센트밖에 되지 않으니 전망 수가 1건이다. 이는 F 전략(예상 수 60)의 성공 확률을 30퍼센트에서 32퍼센트로 2퍼센트포인트 끌어올린 것과 마찬가지다(그림 12).

때와 장소에 따라 다르겠지만 성공 확률이 5퍼센트밖에 안 되는 방법에 새롭게 시간을 할애해서 도전하는 것은 비효율적이다. 그러면 자잘한 I~O 제안을 모두 기각하고 D 전략의 성공 확률을 20퍼센트에서 30퍼센트로, F 전략의 성공 확률을 30퍼센트에서 40퍼센트로 끌어올리는 방법을 생각하는 데 머리를 써야 한다. 그리고 이때 성공 확률을 올리기 위한 구체적인 방안을 기술한다(그림 13).

이처럼 한정된 시간을 새로운 방안 수립을 실행하는 데 사용할지, 기존 방안의 성공 확률을 높이는 데 사용할지 생각한다. 대부분 사람은 방안이 많으면 뭐라도 하나는 적중한다며 안심한다. 그러나 방안이 너무 많으면 기한 내에 다 실행할 수 없다. 또 냉정

그림 12 **전략 재변경 1**

방안	예상 수	구체적인 행동	성공 확률	전망 수
A 전략	40	~을 한다	0%	0
B 전략	30	~을 한다	33%	10
C 전략	60	~을 한다	0%	0
D 전략	70	~을 한다	20%	14
E 전략	30	~을 한다	40%	12
F 전략	**60**	~을 한다	**30%→32%**	**18→19.2**
G 전략	40	~을 한다	40%	16
H 제안	60	~을 한다	30%	18
I 제안	**20**	~을 한다	**5%**	**1**
J 제안	20	~을 한다	10%	2
K 제안	10	~을 한다	20%	2
L 제안	10	~을 한다	10%	1
M 제안	20	~을 한다	10%	2
N 제안	10	~을 한다	20%	2
O 제안	10	~을 한다	20%	2
합계	490	–	–	101.2

그림 13 **전략 재변경 2**

방안	예상 수	구체적인 행동	성공 확률	수정된 성공 확률	전망 수	수정안
A 전략	40	~을 한다	0%	0%	0	
B 전략	30	~을 한다	33%	33%	10	
C 전략	60	~을 한다	0%	0%	0	
D 전략	70	~을 한다	20%	**30%**	21	~으로 성공 확률을 올린다
E 전략	30	~을 한다	40%	40%	12	
F 전략	60	~을 한다	30%	**40%**	24	~으로 성공 확률을 올린다
G 전략	40	~을 한다	40%	40%	16	
H 제안	60	~을 한다	30%	30%	18	
I 제안	20	~을 한다	5%	5%	1	
J 제안	20	~을 한다	10%	10%	2	
K 제안	10	~을 한다	20%	20%	2	
L 제안	10	~을 한다	10%	10%	1	
M 제안	20	~을 한다	10%	10%	2	
N 제안	10	~을 한다	20%	20%	2	
O 제안	10	~을 한다	20%	20%	2	
합계	390	–	–	–	101	–

하게 방안의 성공 확률을 따져보면 예상보다 낮아서 방안이 부족할 때가 있다.

중요한 것은 '방안 수'가 아닌 '예상 수'와 '성공 확률'을 곱한 '전망 수'다. 매일 목표를 달성해내는 사람은 진척 상황에 따라 반드시 전망 수가 달성하는 숫자를 유지한다.

이 방법을 마스터하면 어떤 일이든 달성할 수 있다. 성공하려면 이론상 성공하는 설계도를 그려보고 이론과 현실의 차이를 메워가야 한다. 오늘 해야 할 업무를 정할 때는 목표와 기한에서 역산해 우선순위를 매일 재검토한다.

대부분 사람은 '어제 일을 이어서' 하려고 하는데, 그것은 '업무'가 아닌 '작업'이다. 왜냐하면 업무란 목표를 달성하기 위해 하는 것이기 때문이다. 여러분은 오늘 하루를 업무에 소비하고 있는가? 아니면 작업에 소비하고 있는가? 이를 머릿속 한편에 넣어두고 있기만 해도 성장의 속도가 몰라보게 빨라질 것이다.

마음이 편해지는
한계 극복의
비밀

한계를 시험하는 벽은 누구에게 오는가
벽으로 보였던 것은 사실 '계단'이었다

한계를 시험하는 벽은 누구에게 오는가

지금까지는 목표에 도달하는 방법에 관해 설명했는데, 이번에는 중도에 큰 장애물을 만나는 경우를 살펴보자. 매일같이 목표 달성을 위한 행동을 하고 있는데 어느 날 갑자기 높은 벽과도 같은 장애물이 나타나 눈앞이 깜깜해지는 경우가 있다. 이럴 때는 어떻게 해야 좋을까?

답부터 말하면 어떤 벽이든 벽은 반드시 뛰어넘을 수 있는 높이로만 나타난다. 즉 지금 내 앞에 나타난 벽은 내가 충분히 뛰어넘을 수 있는 것이다. 도저히 넘을 수 없을 것 같지만 그렇지 않다. 예전에 내가 존경하는 선배에게 상담했을 때 나는 이 놀라운 인생의 비밀을 알게 되었다.

나 : 선배! 큰 문제가 생겼어요! 하필이면 이렇게 중요한 때에 말이에요.

선배 : 그래? 시험받고 있구나.

나 : 시험받고 있다고요?

선배 : 인생이 시험받고 있는 거야. 이 벽을 뛰어넘을 수 있을지 없을지.

나 : 그렇게 한가한 소리 하지 마세요. 뛰어넘지 못하면 제 인생은 끝장이라고요.

선배 : 괜찮아. 벽의 높이에는 비밀이 있어.

그 선배는 마지막에 "벽의 높이에는 비밀이 있다"라며 의미심장한 미소를 지었다. 벽이라고 하면 대부분 사람이 부정적인 이미지를 떠올릴 것이다. 높고 튼튼해서 도저히 넘거나 무너뜨릴 수 없다는, '불가능하다'라는 생각이 든다. 하지만 벽의 비밀을 알면 인생에서 만나는 어려운 일에 관한 생각이 달라진다. 선배는 "벽은 그 사람이 뛰어넘을 수 있는 높이로 나타난다"라고 말해주었다.

돌이켜보자. 여러분은 지금까지의 인생에서 나타났던 수많은 벽을 고생하면서도 어떻게든 뛰어넘어 왔다. 당시에는 '큰일이다', '앞날이 캄캄하다'라고 생각했던 일도 어떻게든 뛰어넘어 왔다. 사실 벽은 반드시 뛰어넘을 수 있다. 왜냐하면 벽의 높이는 여러분과 사회의 상호작용으로 결정되기 때문이다.

여러분의 앞에 '100억 원의 빚'이라는 벽이 나타났다면 여러분은 뛰어넘을 수 있을까? 아마 여러분 말고도 대부분 사람이 뛰어넘지 못할 것이다. 하지만 그런 사람에게는 100억 원의 빚이라는 벽이 애초에 나타나지 않는다. 100억 원의 빚을 진다는 것은 누군가가 100억 원을 빌려준다는 뜻이다. 100억 원을 상환할 능력이 없는 사람에게 그 큰돈을 빌려주는 사람은 없다. 빌려주는 사람이 없으니 100억 원의 빚이라는 벽도 나타나지 않는 것이다.

그렇다면 속아서 100억 원의 빚을 떠안은 경우는 어떨까? 이것도 마찬가지다. 100억 원을 속여서 빼가려는 사기꾼은 100억 원을 가지고 있는 사람을 노린다. 즉 100억 원이 있을 만하지 않은 사람에게 100억 원의 사기를 치는 사기꾼은 없다. 따라서 자신의 그릇을 넘는 높이의 벽은 절대 오지 않는다.

벽으로 보였던 것은 사실 '계단'이었다

그렇다면 벽은 대체 왜 여러분의 앞에 나타나 여러분이 가려는 길을 가로막는 걸까? 사실 벽으로 보였던 것은 한 칸이 비정상적으

그림 14 한 칸이 비정상적으로 높은 계단

벽
으로 보이는
계단 한 칸

로 높은 계단이다(그림 14). 그러니 지금까지 계단을 올라왔던 식의 걸음걸이로는 절대로 오를 수 없다. 힘껏 뛰어오르거나, 밧줄을 사용하거나, 누군가를 지지대 삼아 기어올라야만 한다. 그렇게 올라와 보면 사실은 벽이 아닌 계단의 한 칸이었다는 사실을 깨닫는다.

벽을 오른 후에는 원래 높이로 내려오는 것이 아니라 평소 단차의 계단이 이어진다. 즉 벽을 뛰어넘은 다음의 여러분은 한층 높은 무대, 높은 곳에 오른 것이다. 이렇게 벽은 '성장하기 위한 이벤트'로서 여러분의 인생에 정기적으로 발생한다. 따라서 벽은 너무 낮아도 의미가 없고, 뛰어넘을 수 없어도 의미가 없어서 '노력하면 뛰어넘을 수 있는 높이'로 찾아온다.

요약하면 정기적으로 찾아오는 커다란 계단 한 칸을 올라가면 여러분은 더 높은 무대로 갈 수 있다. 이런 말이 있다. '삼류는 벽을 피한다. 이류는 벽을 뛰어넘는다. 일류는 벽을 즐긴다(그림 15).' 일류는 벽이 자신이 성장하기 위한 이벤트임을 알고 있다. 그리고 반드시 뛰어넘을 수 있다는 것도 알고 있다. 그래서 벽이 나타나면 성장을 위한 이벤트가 시작됐다고 생각하며 즐긴다. 지금 여러분의 앞을 가로막는 벽이 전보다 훨씬 높은 것처럼 느껴지는 이유는 여러분의 수준이 올랐기 때문이다.

그림 15 벽을 어떻게 극복할 것인가

일류

즐긴다

이류

뛰어넘는다

삼류

피한다

어렸을 때 여러분에게 나타났던 벽을 떠올려보자. '장난감을 빌려달라고 말하기', '친구에게 미안하다고 사과하기', '자전거 타기', '철봉에서 거꾸로 매달리기', '급식을 남기지 않고 먹기' 등 여러 가지 벽이 있었을 것이다. 지금 와서 생각해보면 '그런 걸 벽이라고 느끼고 있었다니' 하고 어이없어할 것이다. 지금 여러분의 앞을 가로막고 있는 벽도 분명 몇 년 후 미래에서 돌이켜보면 귀여운 정도라고 느낄 것이다.

일단 뛰어넘으면 여러분의 눈앞에 멋진 경치가 펼쳐질 것이다. 용기를 가지고 뛰어넘어 보자!

◆

결핍적 단점을 깨닫고 비약적 성장을 이룬 사람은 자신에게 결핍적 단점이 더 있기를
바란다. 단점을 정면으로 마주하기만 해도 크게 성장할 수 있기 때문이다. 나 역시 내
결핍적 단점을 항상 찾으려고 노력한다. 그리고 무엇이 단점인지 알게 되면 기분이
좋다. 정면으로 마주하고 고치려고 노력하면 쉽게 극복하고 성장할 수 있기 때문이다.

3장

실수하지 않는 사람의
사고 알고리즘

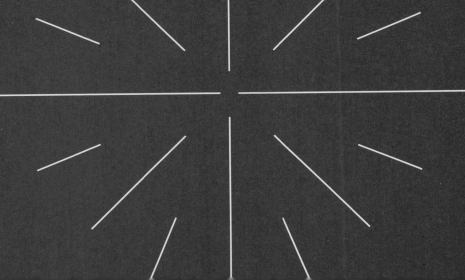

성과를 무색하게 만드는

세 가지
결핍적 단점

우리는 우리의 단점을 무의식적으로 외면한다

성과를 올리려면 여러분이 앞으로 나아가는 것을 방해하는 단점을 없애는 것이 중요하다. 여러분에게는 엄청난 장점이 있지만 한편으로는 장점을 쓸모없게 만드는 커다란 단점(결핍적 단점)이 있다. 단점은 여러분을 꼼짝 못 하게 하는 족쇄와도 같은데 골치 아프게도 자신의 단점을 스스로 깨닫기는 어렵다.

내 경우는 운이 좋았다. 때마침 거래처 사장과의 대화에서 '행동으로 옮기는 힘이 약하다'라는 단점을 자각했고 '퍼뜩 냉큼 법칙'을 깨달아 사고 알고리즘을 수정할 수 있었다. 하지만 대부분 사람은 자신의 발목을 잡는 문제 자체를 깨닫지 못한다. 그리고 성과가 나오지 않으면 자신의 장점을 더 갈고닦자고 생각한다. 이는 이제까지 장점을 발휘하며 칭찬을 받아왔기 때문이다. 그 경험 때문에 '어려울 때는 자신의 장점을 갈고닦아라'라는 사고 알고리즘을 갖게 되었다.

하지만 이런 사고 알고리즘은 자신의 단점으로부터 무의식적으로 눈을 돌리게 한다. 그래서 단점은 다른 사람이 보면 잘 보이지만 자신에게는 잘 보이지 않는다. 다른 사람의 단점은 잘 보이지만 자신의 단점은 거의 보이지 않는 것이다.

모두가 아는 단점을 나만 모르는 이유

말솜씨가 아주 좋은 한 영업사원이 있었다. 그는 말로 사람들을 끌어들이는 데 독보적인 재주가 있었는데 이따금 중요한 약속에 지각해서 수주에 실패하곤 했다. 하지만 그는 '다음에는 꼭 수주하겠어'라고 생각하며 여전히 말하는 기술만 갈고닦았다. 단점보다는 장점에 집중하는 것이 더 즐거웠기 때문이다.

하지만 문제는 토크 기술이 아니라 지각하는 버릇을 고치는 것임을 주변 사람들은 모두 알고 있었다. 가끔 누군가가 그에게 지각하는 습관을 지적하면 "지하철이 늦게 와서 어쩔 수 없었다",

"외출하기 직전에 다른 고객에게서 급한 전화가 걸려왔다"라며 자신의 행동을 정당화할 뿐이었다. 어리석은 변명에 사람들은 실소했지만 본인은 아주 진지했다.

이처럼 사람은 자신의 단점으로부터 무의식적으로 눈을 돌린다. 그리고 단점에서 도망치기 위해 장점을 더 살리려고 애쓴다. 그래서 단점은 계속 남아 있고 주변 사람 모두가 아는 단점을 자기만 깨닫지 못한다. 바로 이것이 성과를 올리지 못하는 요인이 된다.

목표 달성을 방해하는 세 가지 결핍적 단점

보통 사람보다 극단적으로 결핍된 단점을 이 책에서는 '결핍적 단점'이라고 부르려고 한다. 먼저 목표를 달성하는 데 가장 방해가 되는 세 가지 결핍적 단점을 알아보고, 이 단점들이 어떻게 생겨나는지 살펴보자.

- 부주의로 인한 실수
- 일정 관리 실수
- 작업 누락

이미 눈치챘을 수도 있겠지만 이 세 가지는 모두 사고 알고리즘과 관계된 것이다. 결핍적 단점은 다른 단점들보다 더 자각하기 어려워 고치기도 쉽지 않다. 따라서 주변 사람들이 여러분에게 다음과 같이 반응했다면 경고라고 생각하고 다시 한번 자신을 점검해보자.

- 별것도 아닌 일에 하나하나 트집을 잡는다.
- 사소한 실수를 했을 뿐인데 정색하며 야단을 친다.
- 어쩔 수 없는 이유(지하철 지연 등)로 늦었는데 전보다 심하게 화를 낸다.
- 때마침 한 개 안건이 빠졌을 뿐인데 자신만 집중포화를 맞는다.

이런 현상은 주변 사람들과 여러분의 '상식의 차이'에서 생겨난다. 여러분의 상식, 즉 '부주의해서 실수해서는 안 된다', '일정을 지켜야 한다', '작업 누락이 있어서는 안 된다'라는 의식은 보통 사람보다 매우 낮다. 그래서 본인은 실수해도 크게 일이 잘못되었다고는 생각하지 않는다. 몇 번이나 반복하고 있는데도 자신의 기억에는 남지 않는 것이다.

하지만 주변 사람은 그 일로 엄청난 피해를 입기 때문에 화를 낸다. 여러분은 별것 아닌 일, 사소한 일, 때마침 일어난 일이라고 생각하지만 주변에서는 중대한 실수로 받아들이고 있다. 이런 상식의 차이에서 생겨나는 것이 바로 결핍적 단점이다.

자, 그렇다면 여러분의 결핍적 단점은 무엇인가? 이번 기회에 자신의 단점을 깨닫고 정면으로 마주해보자. 마치 악령이 떨어져 나간 것처럼 여러분은 비약적으로 성장할 것이다.

내게 사소한 실수는 남에게 믿을 수 없는 실수다

어떻게 해야 결핍적 단점을 찾아낼 수 있을까? 세 가지 결핍적 단점 중에서도 가장 많은 '부주의로 인한 실수'를 살펴보자.

부주의로 인한 실수가 많은 사람은 서류나 메일을 작성할 때 실수를 연발한다. 하지만 본인은 지금까지 부주의로 인한 실수를 문제라고 생각하지 않았던 경우가 많다. 그러니 결핍적 단점이라는 것이 세상에 존재한다는 사실을 먼저 알아두길 바란다.

부주의로 인한 실수에 관해 여러분이 느끼는 감각은 세상에서 말하는 일반적인 감각과 커다란 오차가 있다. 여러분이 느끼는 '사소한 실수'는 세상에서 일반적으로 말하는 '믿을 수 없는 실수'다. 부주의로 인한 실수가 잦으면 주변의 신용을 얻지 못하기 때문에 주어지는 업무가 한정된다.

지금 이 시점이 여러분의 결핍적 단점을 수정할 마지막 기회다. 여기서 고치면 극적으로 성과를 올리는 인생을 살 수 있다. 이렇게 말하면 절반 정도의 사람은 자신을 묶은 '족쇄'의 존재를 깨닫고 스스로 수정하려고 한다. 하지만 나머지 절반은 좀처럼 족쇄를 자각하지 못한다. 이런 사람들은 그룹 활동(이는 뒤에서 설명할 것이다) 같은 방법이 효과적이다.

메일 작성 실수를 줄이는 방법

부주의로 인한 실수가 많은 사람은 애초에 확인하는 습관이 없다. 그래서 '나는 확인하기 위해 살고 있는 게 아닐까?' 생각할 정도로 확인하는 시간을 내야 한다.

예를 들어 메일을 다 쓰고 나서 바로 보내기 버튼을 눌러버리는 사람이 있다. 이들은 자기가 쓴 메일을 두 번 다시 읽지 않는다. 쓴 메일을 다시 읽다 보면 시간이 아무리 있어도 부족할 거라고 생각하기 때문이다. 그렇다 보니 실수가 잦고, 표현이 이상하고, 오타가 많고, 파일을 첨부하지 않는 등 사고가 연달아 발생해 상대방에게 의도가 정확히 전달되지 않는다.

이런 사람은 '확인 작업은 메일 작성 시간의 50퍼센트를 차지한다'를 규칙으로 세운다. 예를 들어 메일 하나를 5분 만에 다 썼다면 확인하는 데 5분을 들여 메일 작성에 총 10분을 들인다. '이 제까지 5분이면 메일을 쓸 수 있었는데'라고 생각할 수도 있지만 이는 확인을 생략한 5분이다. '메일을 하나 쓰려면 원래 10분 걸 린다'로 생각을 고친다. 어쩌면 확인하는 5분의 시간은 '나는 메 일을 확인하기 위해 살고 있는 게 아닐까?'라고 느낄 정도로 본인 에게는 고통일 것이다. 하지만 보통 사람들은 평소에 하는 일이 다. 이처럼 확인 시간을 업무에 포함하면 부주의로 인한 실수는 신기할 정도로 급감한다.

'나는 그렇게 심하다고는 생각하지 않지만 괜히 혼날 테니까 주의하자' 정도의 자세로는 결코 충분하지 않다. 결핍적 단점은 주변 사람들이 보면 비정상적인 행동이다. 자신이 아는 한 부주의 로 인한 실수, 일정 실수, 작업 누락에 대해 이렇게까지 예민하게 대비하는 사람은 없을 것이라는 수준으로 대책을 세워야 한다.

자신의 단점을 정면으로 마주하기

이제는 '부주의해서 실수하지 않기 위해 사는 듯한 사람', '일정 관리를 하기 위해 사는 듯한 사람', '작업 누락을 하지 않기 위해 사는 듯한 사람'으로 살아야 한다. 숨 막힐 정도로 자신을 통제해 야 한다. 이렇게 3주간 계속한다. 보통 어떤 일을 3주 동안 계속

하면 습관이 된다고 한다. 이것은 진실이다. 만일 여러분의 직장에서 결핍적 단점이 있는 사람이 있다면 3주 동안만이라도 비정상적일 정도의 행동 대책을 마련해보길 바란다.

여기서 예로 든 사례는 탁상공론이 아니다. 모두 우리 회사에서 직원들이 실제로 경험하고 성과를 냈던 것이다. 여러분도 자신의 단점을 정면으로 마주하는 순간 곧장 비약적으로 성장할 것임을 약속한다. 결핍적 단점을 깨닫고 비약적 성장을 이룬 사람은 자신에게 결핍적 단점이 더 있기를 바란다. 단점을 정면으로 마주하기만 해도 크게 성장할 수 있기 때문이다. 나 역시 내 결핍적 단점을 항상 찾으려고 노력한다. 그리고 무엇이 단점인지 알게 되면 기분이 좋다. 정면으로 마주하고 고치려고 노력하면 쉽게 극복하고 성장할 수 있기 때문이다.

결핍적 단점을 극복하는
'조하리의 창'
활용법

단점을 직시하는 '약점 카테고리 시트'
저연차 직원의 단점을 극복하는 비밀 연수
'조하리의 창'으로 결핍적 단점 찾기
타인의 지적을 받아들이는 황금 룰

단점을 직시하는 '약점 카테고리 시트'

회사를 만들고 나서 고용한 직원들을 한 사람, 한 사람 살펴보니 모두 각자의 장점과 특기 분야가 있었고 성과를 낼 수 있는 무기가 있었다. 하지만 젊었을 때의 나와 마찬가지로 심각한 단점에 발목이 잡혀 대부분의 직원이 장점을 발휘하지 못하고 있었다. 나는 그들이 족쇄를 풀어내면 분명 성과가 오를 거라 생각해 처음에는 원온원one-on-one 미팅을 가졌다. 몇 년인가 미팅을 계속하면서 직원들의 단점을 몇 가지 카테고리로 나눌 수 있다는 사실을 깨달았다. 그렇게 해서 작성한 것이 '약점 카테고리 시트'다 그림 16 .

그림 16 **약점 카테고리 시트**

A. 커뮤니케이션

논리적으로 말하지 못한다	설명이나 정리를 하는 것이 서툴다
	이야기의 논점이 어긋난다
	무엇을 확인·의뢰하고 싶은지 모른다
	이야기를 대강 한다
	주어가 없다
	말의 요점을 파악하거나 요약해 말하는 것이 서툴다
자기중심적인 커뮤니케이션	모두가 공유하지 않아도 되는 세세한 것까지 전부 말한다
	일방적인 커뮤니케이션 때문에 대화가 피곤하다
	감정이 태도로 나오고 말투에 가시가 있다
	타인의 의견을 받아들이지 않는다
	잘못된 것을 지적하면 정색한다
	남을 불쾌하게 만드는 언행을 한다
	전제 공유가 부족하다
	말이 빠르다

B. 자기 관리

자기중심적인 업무 처리 방식	작업 의뢰부터 마감 기한까지가 너무 짧다
	다른 사람의 업무 소요 시간에 대한 배려가 부족하다
	많은 작업을 아슬아슬하게 처리한다
	타 부서 대응 안건에 관한 보고가 늦다
	업무를 너무 많이 떠안는다
부주의로 인한 실수	부주의로 인한 실수, 깜빡하는 실수가 많다
	오탈자가 많다
누락	누락이 많다
	일정 전개 등의 공유를 하지 않는다
	안건이나 아이디어를 잘 잊어버린다
일정 관리	안건의 일정 관리가 되지 않는다
	기한을 지키지 못하는 경우가 많다
	일정 관리·진행에 누락이 있다
	착수가 늦다
	안건 하나하나를 어중간하게 처리해 업무를 완수하지 못할 때가 많고 비효 율적이다
	업무를 마감에서 역산해 행동하지 않고, 눈앞의 업무를 기준으로 걸리는 시간을 더해 마감을 뒤로 미룬다
우선순위 매기기	여러 업무를 동시에 병행하지 못한다
	자기 업무의 우선도와 조직 차원의 업무 우선도 간의 균형이 잡혀 있지 않다
속도	속도가 느리다
	야근이 많고 생산성이 낮다
	업무를 꼼꼼하게 한다는 이유로 업무 처리에 시간이 걸린다
	결론이 나오기까지 시간이 걸린다

C. 업무 이해·지식

업무 이해와 지식	관련 업무에 대한 지식이 부족하다
	자기 부서와 타 부서에 대한 업무 이해가 부족하다
	하지 못하는 업무가 많다
	상품에 관해 적극적으로 이해하려는 자세가 보이지 않는다
	시스템이나 숫자를 계속 서툴게 다룬다
	자기가 담당하는 안건인데 제대로 이해하지 못한다
	상품에 관한 지식이 부족하다

D. 주체성·책임감

주체성이 낮다	자기 업무인데 타인에게 답을 구하려고 한다
	일의 방향을 스스로 정하는 경우가 없다
	직접 알아보지 않고 바로 남에게 물어본다
	항상 수동적이다
	항상 누군가의 뒤에 있고 보조에 머무른다
	스스로 과제를 찾고 다른 사람을 끌어가는 힘이 부족하다
	항상 누군가의 말을 들어야만 움직이며 스스로 어떻게 움직여야 하는지 자발성이 없다
시야가 좁다	시야가 좁다
	주위가 보이지 않는다
고정관념이 강하다	융통성이 없다
	규칙이나 고정관념에 얽매인다
	기존 절차에 너무 집착한다
상대를 지나치게 의식한다	상대의 반응을 너무 살핀다
	자신의 주장을 전하지 못하고 금세 꺾인다
자기중심적이다	정해진 절차가 있어도 절차대로 하지 않는다
	자기 형편에 좋게 해석한다
	자신의 감각에 의지해 작업이나 프로젝트를 관리한다
책임감이 부족하다	일을 중간에 팽개치거나 적당히 한다
	자기만 좋으면 된다는 식의 언행이 엿보인다
	이해하지 못했을 때도 그 상태 그대로 둔다
	서툰 업무를 피한다
	할 수 있는 방법을 생각하기 전에 곧장 못하는 이유를 말하는 버릇이 있다
	아는 척하기, 얼버무리기, 말 돌리기, 변명이 많다
	업무에 임하는 자세에 편차가 있다
	동기부여가 되지 않으면 업무를 내팽개친다
무관심에서 오는 망각	규칙의 존재 자체를 잊고 있다
	연락 사항이나 과거 업무를 잊어버리는 경우가 많다
	메일을 확인하지 않는다

이 시트를 보고 여러분은 자신의 약점이 어디에 있다고 느꼈는가? 지금까지 내가 분석한 바에 따르면 압도적으로 많은 사람이 C 항목을 체크한다.

그중에서 특히 많이 체크하는 항목은 '관련 업무에 대한 지식이 부족하다'와 '하지 못하는 업무가 많다'이다. 이 책의 프롤로그에서 언급했듯이 대부분 사람은 자신의 약점이 스킬 부족에 있다고 느낀다. 하지만 그것은 착각이다. 그보다는 사고 알고리즘을 바꿔야 한다.

저연차 직원의 단점을 극복하는 비밀 연수

우리 회사에는 결핍적 단점을 극복하기 위한 연수가 있다. 이 연수의 목적은 결핍적 단점을 스스로 깨닫고 개선함으로써 직장에서 크게 활약하는 데 있다.

가장 먼저 평소에 함께 일하는 동료들 5~6명을 모아 팀을 만든다. 그리고 다음과 같은 순서로 연수를 진행한다.

1. 자신의 단점과 팀원들의 단점을 파악하기
2. 자기 인식과 타인의 인식이 다름을 이해하고 받아들이기
3. 단점 극복을 위한 해결 방법을 생각하고 행동으로 옮기기

이때 중요한 것이 타인의 인식을 겸허하게 받아들이는 것이다. 결핍적 단점은 주변에서 보면 금세 알아차리지만 당사자만 의식하지 못한다는 골치 아픈 특징이 있다. 팀원들이 알고 있는 자신의 단점을 '아, 그랬구나' 하고 솔직하게 받아들이는 것이 매우 중요하다.

'조하리의 창'으로 결핍적 단점 찾기

우리 회사의 연수에서는 심리학에서 사용하는 '조하리의 창'이라는 프레임워크를 활용한다(그림17). 이는 자신이 알고 있는 자기와 타인이 본 자기의 정보를 네 가지로 나눠 자기 자신을 이해하는 프레임워크로, 다음과 같이 결핍적 단점을 인식하는 데 응용한다.

1. 자신도 알고 타인도 알고 있는 단점(열린 창)
2. 자신은 알지 못하지만 타인은 알고 있는 단점(보이지 않는 창)
   =결핍적 단점
3. 자신은 알고 있지만 타인은 알지 못하는 단점(숨겨진 창)
4. 자신도 모르고 타인도 모르는 단점(미지의 창)

그림 17 '조하리의 창' 프레임워크

	자신은 안다	자신은 모른다
타인은 안다	① 열린 창 자신도 알고 타인도 알고있는 자기	② 보이지 않는 창 자신은 알지 못하지만 타인은 알고 있는 자기
타인은 모른다	③ 숨겨진 창 자신은 알고 있지만 타인은 알지 못하는 자기	④ 미지의 창 자신도 모르고 타인도 모르는 자기

자신이 단점이라고 생각하지 않는 단점,
즉 '보이지 않는 창'에 있는 단점이 결핍적 단점이다

네 개의 창 중에서 '보이지 않는 창', 즉 자신은 알지 못하지만 타인은 알고 있는 자신의 단점이 결핍적 단점이다.

타인의 지적을 받아들이는 황금 룰

팀원끼리 서로 단점을 이야기하거나 시트에 작성하면 여기서 거론된 단점은 1, 2, 3으로 분류할 수 있다(4는 거의 거론되지 않는다). 1과 3은 자신이 알고 있는 단점이라서 이미 어떤 식으로든 고치려고 행동하고 있거나, 행동하지는 않더라도 자기 나름대로 인식하고 있어 개선의 여지가 있다. 하지만 2는 스스로 알고 있지 않으므로 방치되어 개선될 일이 없다.

사람들에게 지적을 받아도 와닿지 않을 테지만 일단은 받아들이는 것이 중요하다. 주변에서 "커뮤니케이션이 잘 안 된다"라는 말을 들으면 "그렇지 않다. 항상 평소처럼 이야기하고 있다"라고 반발하는가? "부탁받은 일을 금방 잊어버린다", "안건을 방치한다"라는 말을 들으면 "잊어버린 게 아니라 나중에 하려고 생각했을 뿐이다"라며 변명하는가? 그러면 결핍적 단점을 고칠수 없다.

연수에서는 '타인이 인식한 단점은 자신의 단점으로 받아들일 것'을 황금 룰로 삼고 있다. 그런 다음 이 문제에 어떻게 임할지를 정한다. 그리고 2개월 후에 다시 연수를 진행해서 어떻게 바뀌었는지 서로 확인한다. 본인이 극복했다고 생각하더라도 주변에서 아직 극복하지 못했다는 말을 듣는 경우도 있다.

당사자가 단점을 고치려고 한다면 부서 내에서 서로 알려주는 구조를 만든다. 예를 들어 '부주의로 인한 실수가 많은 것'을 고치고 있는 사람이 부주의로 인한 실수를 했다면 메일링리스트로 보고한다. 당사자는 자기가 실수하고 있다는 자각이 없으므로 일부러 메일링리스트로 알려주는 것이다.

우리 회사의 대부분 직원은 서로 결핍적 단점을 지적하고 수

정하는 것을 긍정적으로 받아들이고 있다. 단점을 극복하고 앞으로 나아가길 바라기 때문이다. 이 연수는 매우 효과적이므로 여러분의 회사에서도 꼭 실천해보길 바란다.

남 탓하지 않는 습관

어쩔 수 없는
일은 없다

상사에게 높이 평가받는 사람의 결정적 한 끗

이 세상에 어쩔 수 없는 일은 없다

경험이 오히려 실수를 낳을 때도 있다

상사에게 높이 평가받는 사람의 결정적 한 끗

흔히 회사에서 저지르는 실수라고 하면 부정적인 이야기로 흘러가곤 하는데, 이 또한 긍정적인 신호로 파악하면 더 나은 결과를 낼 수 있다. 문제나 실수가 발생했을 때 나쁜 평가를 받을까 봐 "내 책임이 아니다"라며 필사적으로 변명하는 사람이 있다. 하지만 그럴 때 상사는 어떻게 생각하고 있을까?

상사는 팀원들과 함께 업무를 완수하는 것이 책무이기 때문에 "내 책임이 아니다"라며 열변하는 팀원에게 업무를 맡기고 싶어 하지 않는다. 좀 더 말하면 '변명을 듣고 있을 시간에 자책감으로 문제의 해결을 위해 움직여주는 팀원에게 부탁하고 싶다'라고 생각한다. 즉 상사는 '책임감을 갖고 문제 해결을 위해 노력하는 사람'을 높이 평가한다.

이는 문제나 실수가 발생했을 때 자기 책임이라고 생각하고 움직이면 높은 평가를 받고 성과를 올리기 쉽다는 뜻이다. 일본에서 경영의 신이라 불리는 마쓰시타 고노스케松下幸之助는 "비가 내려도 내 탓"이라고 말했다. 이 말의 의미는 '어떤 일이 있더라도 누군가의 탓이라고 하지 마라. 당사자 의식을 가져라'라는 것이다. 스스로 생각하고 행동하는 것이 성과를 계속 올리는 사람이 되는 길이다.

이 세상에 어쩔 수 없는 일은 없다

이 사안과 관련해 좀 더 말하고 싶은 것이 있다. 실패나 실수의 원인을 설명할 때 "이번에는 외부 요인이라서 어쩔 수 없었다", "내 책임이 아니다"라는 사고 알고리즘을 가진 사람과 "내가 ○○을 했어야 했다. 내 책임이다"라는 사고 알고리즘을 가진 사람이 있다.

"이번에는 예상치 못한 일이 일어나서 실수가 생겼습니다(그래서 어쩔 수 없었습니다. 제 탓이 아닙니다)"라고 하는 사람은 다음에 예상치 못한 일이 일어났을 때도 똑같은 실수를 한다. 하지만 "이번에 ○○이라는 일이 일어나서 실수가 생겼습니다. 미리 깊이 생각했다면 ○○이 일어나는 것은 예상할 수 있었을 겁니다. 이번에는 제 생각이 부족했습니다"라고 하는 사람은 이 일을 계기로 예상 범위를 넓혀 '예상치 못한 실수가 발생할 확률'을 줄인다. 따라서 커다란 실수를 할 확률도 줄어든다.

예를 들어 폭설로 지하철이 지연되어 지각했다고 하자. '지하철이 지연되어 어쩔 수 없다'라고 생각하는 사람과 '겨울에는 전날에 일기예보로 폭설 가능성을 예측하고 일찌감치 집을 나서자'라고 생각하는 사람 중 누가 더 상사의 신뢰를 얻을까?

확실히 말해두지만 이 세상에 진짜 '어쩔 수 없는' 일 같은 것은 존재하지 않는다. 길을 헤매는 사람은 방향치라서 헤매는 것이 아니라, 방향치인데도 지도를 들고 있지 않아서(스마트폰 등으로 지도를 보지 않아서) 헤맨다. 실수가 많은 사람은 실수 발생률이 높은 것이 아니라 확인을 하지 않아서 실수가 잦다. 작업을 잊어버리는 사람은 잘 잊어버려서가 아니라 기억할 수 있도록 메모를 하지 않아서 잊는다. 본인은 타고난 성격 탓을 하지만 사실은 사소한 노력조차 하지 않은 것이 원인이다. 반대로 말하면 사소한 노력을 하는 것만으로도 실수는 줄어들고 상사와 동료의 신뢰는 올라간다.

경험이 오히려 실수를 낳을 때도 있다

참고로, 경험이 실수를 낳는 경우도 있다. 예를 들어 어느 날 상사가 ○○이라는 제품에 관한 정보를 검색해달라고 A와 B에게 의뢰했다고 하자. 시간이 지난 후 A는 "찾아봤습니다만, 없었습니다"라고 말했고 B는 "세 건의 정보를 찾았습니다"라고 말했다. 그런데 A는 평소 검색 엔진을 사용하는 데 익숙한 사람이었고 B는 검색 엔진을 사용하는 데 익숙하지 않은 신입사원이었다.

잘못 이야기한 것이 아니다. 평소 검색 엔진을 사용하는 데 익숙한 A는 검색 엔진에 키워드를 입력하면 검색 결과의 첫 5페이지 이내에 필요한 정보를 찾는다. 그것이 고정관념이 되어 검색 결과의 첫 5페이지 이내에서 찾지 못하면 정보는 없다고 판단하는 것이다.

하지만 검색 엔진을 사용하는 데 익숙하지 않은 B는 애초에 기준이 없다 보니 5페이지 내에서 찾지 못하면 10페이지든 20페이지든, 때로는 검색 단어를 바꿔가며 계속 찾았다. 그러자 시간은 좀 걸리더라도 결국 정보를 찾을 수 있었다.

이처럼 금방 찾을 수 있는 정보라면 경험이 있는 A에게 부탁하는 게 더 낫지만, 찾기 어려운 정보일 경우는 적합하지 않다. B처럼 경험이 없는 사람이 선입견이 없기 때문에 오히려 더 잘 찾을 수 있다. 사람은 지식과 경험을 쌓아가며 만들어지는 선입견이나 고정관념 때문에 실패하기도 한다. 경험이 실수를 낳고 그 사람의 무한한 가능성을 봉인하는 것이다. 이를 교훈으로 삼고 주의하길 바란다.

생산성을 극적으로 높이는
체크 시트
활용법

체크 시트 활용의 세 가지 이점

절대로 실수하지 않는 체크 시트 예시

체크 시트 활용의 세 가지 이점

앞에서 실수가 많은 사람은 실수 발생률이 높은 것이 아니라 확인을 하지 않아서 실수가 잦은 것이라고 말했다. 이 확인 작업을 위해 나는 업무뿐 아니라 개인적으로도 체크 시트를 사용한다. 체크 시트를 활용하면 세 가지 이점이 있다.

1. 누락이 없어지고 품질이 향상된다.
2. 소요 시간이 절반, 심지어 5분의 1로 줄어들기도 한다.
3. 체크 시트의 정밀도를 높이면 누구에게든 업무를 맡길 수 있다.

여기서 특히 세 번째 이점이 중요하다. 판단하기가 어려워 베테랑밖에 할 수 없다고 생각되는 업무도 잘게 분해해서 어떻게 했는지를 확인하면 누구든지 할 수 있다. 실제로 예전에 일할 때 모든 작업 절차를 분해해 시간순으로 나열하고 목록으로 만들고 체크리스트를 넣었더니, 베테랑의 업무가 아르바이트의 업무로 바뀌었던 적이 있었다.

체크리스트의 핵심은 처음 업무를 하는 사람도 이해할 수 있는 글이나 표현을 골라 쉽게 만드는 것이다.

절대로 실수하지 않는 체크 시트 예시

내가 여행이나 출장을 갈 때 개인적으로 활용하는 '소지품 체크 시트'를 소개한다(그림 18). 이 소지품 체크 시트에 국내인지 해외인지, 호텔의 숙박일 수와 정장과 사복으로 지내는 일수 등을 입력하면 무엇이 몇 개 필요한지 자동으로 표시된다. 지갑, 스마트폰 등 수하물 가방에 넣을 것, 캐리어에 넣을 것, 국내에서 먼저 짐만 보내는 경우는 따로 보낼 짐 등이 분류되어 표시된다.

이렇게 하면 여행과 출장지에서 '아, 그거 가져와야 했는데!' 하는 상황은 발생하지 않는다. 개인적인 일이든, 업무를 위해서든 이 소지품 체크 시트를 활용하면 빠뜨리는 일이 없다.

그림 18 여행과 출장 시 소지품 체크 시트

행선지: 닛코	
호텔 숙박일 수	5
숙박 호텔 수	1
가는 편 기내 숙박일 수	0
오는 편 기내 숙박일 수	0
사복 입는 날 수	3
정장 출근일 수	0
정장 차림으로 출발	아니오

소지품 합계(일회용)	준비	
일회용 팬티	6	
일회용 양말	6	
일회용 손수건	6	
이너 셔츠	+사복 필요분	
일회용 잠옷 티셔츠	-	-
샤워 타월	1	
슬리퍼	-	
칫솔	-	
소지품 합계(다회용)		
티셔츠 또는 스웨터	3	
와이셔츠	0	

출발 당일	필요수	준비	체크 짐싸기	최종
일회용 팬티	1			
일회용 양말	1			
일회용 손수건	1			
바지	1			
재킷	1			
티셔츠 또는 스웨터	1			
이너 셔츠				
와이셔츠				
정장				
(행선지가 추운 경우) 다운베스트 또는 이너 다운				
(행선지가 추운 경우) 다운머플러				
(행선지가 추운 경우) 다운코트				
(행선지가 추운 경우) 코트용 가방				
(행선지가 추운 경우) 핫팩				

수하물 가방에 넣을 것		
지갑 여유분*	1	●
아이폰	1	●
안약	1	●
손목시계(일상용)	1	●
비행기 티켓		
갤럭시 Z 폴드3	1	
집 열쇠(자동차 열쇠)	1	
삿포로 본사용 카드키(출장 끝나고 회사로 직행하는 경우)		
해외여행용 지갑(외국 돈, 카드)		
여권/ESTA		
(렌터카를 타는 경우) 면허증		
아이폰 케이스(스트랩 달린 것)		
GPD Pocket과 마우스		
작업 시트용 바인더	1	
기내용 가방(휴대용 충전기, 이어폰, 약, 목캔디)	1	
휴대용 우산	1	
패트병용 카라비너	1	
도쿄 지사용 카드키		
명함 케이스		
여행 일정표 및 가이드북	1	
입국 카드 기입용 볼펜		
트리플 타임 또는 듀얼 손목시계		
기내에서 덧신을 양말		
기내에서 갈아입을 티셔츠		
기내에서 갈아입을 일회용 팬티		
기내에서 갈아신을 일회용 양말		
기내에서 갈아쓸 일회용 손수건		
일상품		
컴퓨터		
마우스 및 이어폰		
따로 보내는 경우의 짐 꾸리기 대상		
아이패드		
Fire TV Stick		
모바일 디스플레이 및 HDMI		
변환 코드		
전원 코드		
연장 코드		
변압기 또는 플러그		

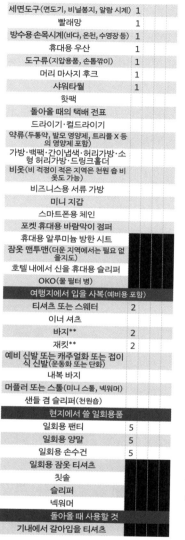

세면도구(면도기, 비닐봉지, 알람 시계)	1
빨래망	1
방수용 손목시계(바다, 온천, 수영장 등)	1
휴대용 우산	1
도구류(지압용품, 손톱깎이)	1
머리 마사지 후크	1
샤워타월	1
핫팩	
돌아올 때의 택배 전표	
드라이기·컬드라이기	
약류(두통약, 발모 영양제, 트리플 X 등의 영양제 포함)	
가방·백팩·간이냅색·허리가방·소형 허리가방·드링크홀더	
비옷(비 걱정이 적은 지역은 천원 숍 비옷도 가능)	
비즈니스용 서류 가방	
미니 지갑	
스마트폰용 체인	
포켓 휴대용 바람막이 점퍼	
휴대용 알루미늄 방한 시트	
잠옷 맨투맨(더운 지역에서는 필요 없을지도)	
호텔 내에서 신을 휴대용 슬리퍼	
OKO(물 필터 병)	
여행지에서 입을 사복(예비용 포함)	
티셔츠 또는 스웨터	2
이너 셔츠	
바지**	2
재킷**	2
예비 신발 또는 캐주얼화 또는 접이식 신발(운동화 또는 단화)	
내복 바지	
머플러 또는 스톨(미니 스톨, 넥워머)	
샌들 겸 슬리퍼(천원숍)	
현지에서 쓸 일회용품	
일회용 팬티	5
일회용 양말	5
일회용 손수건	5
일회용 잠옷 티셔츠	
칫솔	
슬리퍼	
넥워머	
돌아올 때 사용할 것	
기내에서 갈아입을 티셔츠	

여행지가 조금 추운 경우	
휴대용 다운재킷	
다운베스트 또는 이너 다운	
다운머플러	
핫팩	
내복 바지	
코트 및 코트용 가방	
정장이 필요한 경우	
정장**	
와이셔츠(와이셔츠 넣을 가방도)**	0
벨트	
정장용 구두	
이너 셔츠(일회용 포함)	0
휴대용 다리미	
턱시도가 필요한 경우	
턱시도	
드레스셔츠(착용 기회 수분)	
이너셔츠(일회용 포함)	
벨트	
드레스슈즈	
커머번드	
나비넥타이	
커프스단추	
포셔트	
휴대용 다리미	
수영하는 경우	
수영복 또는 래시가드	
방한용 후드티	
선글라스	
선오일 또는 선크림	
보디로션	
튜브	
마린 슈즈	
에어펌프	
방수팩	

* 전날 필요 없는 카드류를 빼둔다

** 캐리어에 넣는다

자신의 견해를 가지되
반대 의견도
참고하기

전문가의 말을 맹신하지 마라
반대 의견을 들었을 때 비로소 보이는 것

전문가의 말을 맹신하지 마라

누군가가 하는 말을 곧이곧대로 받아들였다가 실수로 이어졌던 적이 있는가? 직접 제대로 알아보거나 생각하지 않고 맞을 법할 것을 안이하게 실행했다가 실패하는 것은 흔한 일이다. 그런데 그럴 때 "전문가가 말했으니까"라며 변명하는 사람이 있다.

하지만 전문가들도 다양한 수준이 있으니 잘 판가름해야 한다. 우리 주변에는 의사, 변호사, 공인회계사, 일급 건축사, 시스템 엔지니어 등 전문가들이 꽤 있다. 만약 알고 싶은 정보가 있다면 다짜고짜 전문가에게 물어볼 것이 아니라 먼저 인터넷으로 알아보고 자기 나름의 견해를 세워야 한다. 그러고 나서 전문가의 견해를 들어보는 것이다.

만일 전문가의 견해가 자신의 견해보다 더 낫다고 판단되면 거기에 따르면 된다. 그러나 따를 만하지 않으면 그 전문가는 수준이 낮다는 것이다. 자기는 아마추어라며 무조건 전문가의 견해에 따르지 말고 일단 직접 알아보고 나서 전문가에게 조언을 구하도록 하라.

반대 의견을 들었을 때 비로소 보이는 것

전문가가 모든 것을 알고 있는 건 아니다. 감염병 전문가는 감염병에 대해서는 잘 알아도, 방역 대책에 대해서는 일반적인 지식밖에 없거나 감염병의 경제적·사회적 파장은 알지 못할 수도 있다. 따라서 전문가가 내놓는 의견은 자기 분야에 한정되어 있음을 인식하고 스스로 판단하고 결정해야 한다.

또한 인터넷에서 찾아낸 의견에 곧장 편승하지 말고, 반드시 반대 의견을 들어봐야 한다. 모든 일에는 찬성파와 반대파가 있으므로 양쪽의 의견을 듣는다. 그런 다음에 잘 생각한다.

널리 퍼진 기사나 리트윗 수가 많은 의견이 옳은 것은 아니다. 의견을 잘 판단한 다음에 리트윗하는 사람은 별로 없으며 끝까지 읽어보지도 않고 리트윗하는 사람도 있다. 어떤 사안에 대해 제대로 알아보지 않고 의견을 말하는 연예인의 사례도 있다. 유감스럽게도 헛소문이나 가짜 뉴스의 영향을 받아 잘못된 판단을 하는 경우도 많다.

인터넷에서 정보를 얻는 것이 당연한 시대가 된 만큼 더더욱 자신의 견해를 갖는 것이 중요하며, 반대 의견도 충분히 들어보고 신중하게 판단해야 한다.

실수와 실패를 무력화시키는

긍정 이미지
트레이닝

무엇을 하든 잘되는 긍정 이미지 그리기

긍정 이미지를 그리는 방법

무엇을 하든 잘되는 긍정 이미지 그리기

부하직원이나 동료를 좋은 방향으로 이끌어주는 커뮤니케이션에는 작은 비결이 있다. 먼저 우리가 '이미지'에 얼마나 좌우되는지에 대해 알아보자.

머릿속에 레몬을 떠올려보자. 그리고 다음과 같이 상상해보자. 레몬을 칼로 2등분해서 하나를 들어본다. 입에 레몬을 가까이 가져가 힘껏 꾹 짠다. 여러분의 입안에 신 레몬즙이 가득 퍼진다. 자, 어떤가? 지금 여러분의 입안에 저절로 침이 고여 있지 않은가? 사람의 몸은 현실에 있든 없든 이미지로 떠올린 것에 반응한다.

이미지는 동작에도 영향을 미친다. 초등학교 시절에 나는 뜀틀을 5단까지는 뛸 수 있었는데 6단은 뛰지 못했다. 그러다 문득 내가 뛰지 못하는 것은 '뛰지 못하는 나'를 떠올리고 있기 때문이라고 생각했다. 그래서 '뜀틀 6단을 뛸 수 있는 나'를 그려보면서 도움닫기를 하니 정말로 6단을 뛸 수 있었다.

고등학교 시절에는 기계체조부에 들어갔다. 운동 신경이 좋은 편은 아니었지만 공중제비와 백 텀블링을 할 수 있었다. 기계체조는 이미지 트레이닝이 중요하다. 머릿속으로 자신이 깔끔하게 공중제비를 도는 이미지를 몇 번이나 그려보고 느낌이 딱 왔을 때 도전한다. 그러면 사람에 따라서는 첫 도전에도 성공할 수 있다.

이미지는 행동에도 영향을 미친다. 근거가 있든 없든 '나는 할 수 있다'라는 이미지를 그리는 사람은 뭔가 실패하더라도 "이상하네. 한 번 더 해보자"라며 행동을 계속한다. 그러나 '나는 안 된다'라는 이미지가 있는 사람은 처음에 딱 한 번 실패했을 뿐인데 "역시 내겐 무리야"라며 행동을 그만둔다. 전자는 몇 번이든 도전하므로 결국에는 좋은 결과가 나온다. 후자는 무엇을 하든 잘되지 않은 채로 끝난다. 항상 긍정적인 이미지를 그리는 사람은 행동을 거듭하기 때문에 무엇을 하든 잘되게끔 되어 있다.

긍정 이미지를 그리는 방법

긍정 이미지를 그리는 작은 비결을 하나 알려주겠다. 다음 문장을 상상해보자.

'절대로 새빨간 까마귀를 떠올리지 마세요.'

여러분의 머릿속에 곧장 뭔가가 떠올랐을 것이다. 바로 새빨간 까마귀다. '떠올리지 마세요'라는 말을 들었는데 '새빨간 까마귀'라는 단어를 시각화하고 말았다. 이처럼 이미지는 문장의 '의미'가 아닌 '단어'로부터 만들어진다.

특히 어린아이들은 이미지가 몸의 반응으로 잘 나타난다. 물이 가득 든 컵을 들고 있는 아이에게 "흘리지 마"라고 말을 걸어보자. 아이는 '흘린다'라는 단어에서 '흘리는 나'를 떠올리고는 몸이 반응해 실제로 흘리는 경우가 많다. 그래서 '하면 안 되는 일'이 아닌 '하면 더 좋은 일'을 말해주어야 한다. "흘리지 마"라는 부정적 표현이 아닌 "컵을 테이블 위에 올려둬"라고 긍정적 표현을 해주는 것이다.

한 고등학교 야구팀 감독은 "변화구에 손대지 마라"라고 말하지 않고 "직구를 때려라"라고 지시한다. 부주의한 실수가 많은 사람에게는 "실수하지 마"가 아닌 "꼼꼼하게 체크해"라고 말해야 한다. 같은 논리로 "늦지 마"가 아닌 "시간 안에 끝내자", "대충하지 마"가 아닌 "정성스럽게 하자", "아무 말도 안 할 거면 회의에 참석하지 마"가 아닌 "회의에서는 꼭 발언하자"라고 말해야 한다.

긍정문에 포함된 단어는 '해야 더 좋은 일'이라서 긍정적인 이미지가 연상되고, 그 이미지에 반응해서 무의식적으로 동작이나 행동이 달라진다.

'절대 실패하고 싶지 않다'라고 생각하는 사람은 실패하는 자신을 떠올리므로 실패하기 쉬운 행동을 무의식중에 하고 만다. '성공하자'라고 생각하는 사람은 성공하는 자신을 떠올리므로 성공하기 쉬운 행동을 무의식중에 한다. 여러분 주위에 '매사가 잘되는 사람'이 있다면 그 사람을 붙잡고 대화해보길 바란다. 대화를 시작한 지 얼마 안 되어 그가 쓰는 단어 대부분이 긍정적이라는 사실을 깨달을 것이다.

◆

답을 찾지 못하는 이유는 사고를 멈추었기 때문이다. 한 시간 집중해서 생각하면 반드시 방법은 찾을 수 있다. 평소 어렵다고 생각하는 과제에 대해 팀을 꾸려 서로 이야기해보자. 그러면 과제 해결법을 여러 가지로 찾을 수 있다. 될 리가 없다며 포기하고 있던 과제라도 한 시간 제대로 생각하면 분명 답을 찾을 것이다.

4장

스스로 판단하는 사람의
사고 알고리즘

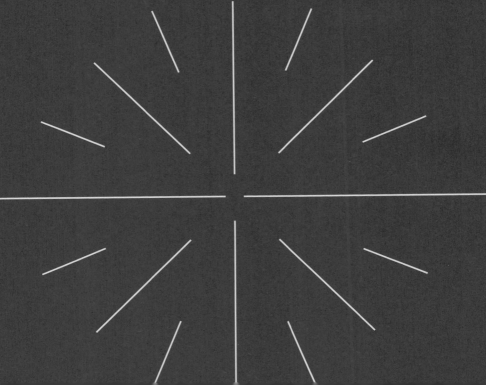

유행에 휩쓸리지 않는 법

아이디어는
시작일 뿐

아이디어 자체는 가치가 없다

아이디어를 현실화하는 능력의 중요성

유행에 휩쓸리지 않는 전략을 구사하라

아이디어 자체는 가치가 없다

"엄청난 사업 아이디어가 떠올랐다", "실행하면 무조건 잘될 것이다"라고 말하는 사람을 자주 볼 수 있다. 하지만 그 아이디어는 본인이 깨닫지 못하고 있을 뿐이지 과거에 누군가가 실행했던 경우가 많다. 특히 실패해서 아예 기록조차 남지 않는 때도 있다.

여러분이 떠올린 아이디어가 과거에 실행되지 않았다면 그 이유는 다음 세 가지 중 하나다.

1. 수요가 없다.

2. 실행이 어렵다.

3. 누구도 깨닫지 못했다.

1은 해당 상품이나 서비스가 사회에 필요한 것으로 여겨지지 않는다는 뜻이다. 2는 기술적으로 어렵거나 노동력 또는 자금이 많이 들어가는 등 상품과 서비스를 만들어내기가 어렵다는 것이다. 3은 잘되면 금세 경쟁사가 나타나 상품과 서비스를 따라 해서 단명한다.

결국 어느 쪽이든 아이디어만으로는 가치가 없다. 세 가지 문제를 극복하고 아이디어를 사업으로 현실화해야 비로소 가치가 발생한다. '나는 아이디어만 내고 누군가가 만들어줬으면 좋겠다'라고 생각하는 사람은 자신이 그 누군가가 되는 것을 생각해야 한다.

아이디어를 현실화하는 능력의 중요성

아이디어를 현실화하는 능력의 중요성을 실감한 적이 있었다. 내가 창업했던 2000년 무렵은 '닷컴 버블'의 전성기였다. 인터넷을 활용한 온갖 사업 아이디어가 나돌았지만 실제로 이를 현실화할 수 있는 사람은 별로 없었다.

나보다 젊은 사람들은 컴퓨터나 인터넷에는 해박했지만 사업 지식이나 경험은 적었다. 또 시니어 세대는 사업 지식이나 경험은 풍부했지만 컴퓨터나 인터넷에 대해서는 잘 알지 못했다. 사업을 구축하는 노하우를 겸비하지 못했던 이 청년들의 아이디어에 시니어 세대가 자금을 투자해 닷컴 버블이 생겨났다.

그러나 아이디어와 자금은 있었지만 실행력이 부족했기 때문에 많은 아이디어가 현실화되지 못한 채 탁상공론으로 끝나곤 했다. 하지만 나는 마침 양쪽의 입장을 이해할 수 있는 나이였기에 적은 자금으로도 IT 사업을 구축할 수 있었다.

유행에 휩쓸리지 않는 전략을 구사하라

떠올린 아이디어가 과거에 실행된 사례가 없다면 매우 전략적으로 접근해야 한다. 먼저 경쟁 업체가 진입해오는 것을 전제로 사업 계획을 세운다. 페이스북이나 구글이 새로운 서비스를 시작하면 바로 경쟁 업체가 나타나는데 이들 GAFA(구글, 애플, 페이스북, 아마존)는 자본을 투입하고 경험이 풍부한 경영 전문가를 투입해서 타사가 진입할 수 없을 수준으로까지 경영 기반을 강화하고 난 다음에 서비스를 내놓는다. 때마침 떠올린 아이디어만 가지고 사업을 하는 것이 아니다.

또 한 가지, 진입 장벽을 만드는 능력의 중요성을 느낀 사례가 있었다. 홋카이도 특산품을 취급했던 2008년에 나는 다리가 부러진 게나 끝이 잘린 명란젓 등 정식 상품으로 팔 수 없는 특산품을 'B급 맛집'이라는 이름으로 20~70퍼센트 할인해서 판매했다. 언론에서 여러 차례 다뤄졌지만 얼마 안 가 매출과 이익 모두 오르지 않는다는 사실을 깨달았다. 우리 회사와 같은 중소기업뿐만 아니라 대기업도 이 B급 시장에 잇달아 진입했기 때문이다.

B급 맛집 사업은 어차피 아이디어만으로 하는 승부라서, 누구라도 진입할 수 있는 진입 장벽이 낮은 사업이었다. 여기서 나는 검색 엔진으로 무엇이든 비교하고 검토할 수 있는 현대 비즈니스 세계에서 '최초로 시작한' 것 자체는 경쟁 우위가 될 수 없다는 사실을 깨달았다. 그래서 누구도 모방할 수 없는 품질로 승부를 보는 상품을 개발해 오랫동안 팔자고 생각했다.

성장을 위해 알아야 할

원격근무의
장단점

원격근무의 불편한 진실

일을 잘하고 있다는 착각에서 벗어나라

원격근무의 불편한 진실

이제 원격근무는 완전히 자리를 잡은 것 같다. 코로나19 당시 입사한 젊은 직원들은 원격으로 업무를 해도 지장이 없다고 느끼고 앞으로도 원격근무를 계속했으면 좋겠다고 바라는 사람이 많다. 하지만 장기적으로 일과 생활의 균형을 고려했을 때, 어떤 방식으로 일할지에 대해 좀 더 신중하게 생각해볼 필요가 있다.

사회생활 경력이 오래된 사람은 출근과 원격근무 양쪽을 경험했기에 장단점을 깨달은 경우도 많다. 하지만 '원격근무 네이티브'라고도 할 수 있는 입사 2, 3년 차 직원은 두 방식의 장단점을 깨닫기 어렵다. 그래서 나는 출근 기간과 원격근무 기간 중 입력량·출력량의 관계에 대해 생각해봤다.

- 출근 기간 중의 입력: 직접 능동적으로 찾아본 정보와 더불어 회사와 현재 사업에서 일어나고 있는 일, 방향 변경, 회사 내에 어떤 사람들이 있고 각자 어떤 역할과 스킬을 가지고 있는지, 어떤 규칙에 따라 일하고 있는지 등의 정보가 자연스럽게 들어온다.
- 원격근무 기간 중의 입력: 직접 능동적으로 찾아본 정보를 얻는다. 찾아보는 습관이 있고 찾는 방법을 알며 정보를 판가름할 줄 아는 사람은 별문제가 없다. 하지만 그렇지 못한 수동적인 사람은 정보를 얻기 어렵다. 입력량은 눈앞의 업무에 필요한 최소한의 정보로서 출근할 때보다 훨씬 줄어든다.
- 출근 기간 중의 출력: 어느 정도 입력이 있는 상태에서 출력을 실행한다.
- 원격근무 기간 중의 출력: 능동적으로 입력할 줄 아는 사람은 항상 새로운 정보를 구하고 이를 토대로 출력하니 별문제가 없다. 그러나 수동적인 사람은 출근 기간 중에 얻은 정보를 토대로 출력하다 보니 마치 은행에 넣어둔 예·적금으로 살아가는 것과 비슷하다. 입력량이 늘어나지 않으니 조금씩 출력량이 줄어든다.

정리하면 원격근무를 유지할 경우 출력과 입력 모두에서 정보를 구하는 능력에 따라 문제가 없는 사람과 문제가 생기는 사람이 발생한다.

일을 잘하고 있다는 착각에서 벗어나라

인터넷 공간에서는 자신이 관심 있는 것을 깊게 파고들 수 있다. 입구는 작아도 끝없이 이어지는 터널과 같은 공간이다. 하지만 현실 공간에서는 관심이 있고 없고와 상관없이 온갖 것이 시야에 날아 들어온다.

최근에는 서적을 인터넷 서점에서 구매하는 사람이 많아졌다. 나는 오프라인 서점을 정말 좋아하지만 인터넷 서점에서 구매할 때도 있다. 인터넷 서점에서 좋아하는 책을 검색해 구매하면 비슷한 주제의 관련 서적을 잔뜩 추천해준다. 편리해서 추천에 따라 구매했고 만족감도 높았다.

그래서 한동안 오프라인 서점에 전혀 가지 않다가 어느 날 우연히 서점에 가보고 깜짝 놀랐다. 내가 몰랐던 좋은 책, 미지의 분야지만 관심 가는 책을 잔뜩 찾을 수 있었다. 매대에 놓인 책들을 한번 훑어보기만 해도 수십 종류의 책 표지가 눈에 들어왔다. 전혀 몰랐지만 관심을 끄는 제목의 책이 많이 있었다.

반면에 인터넷 서점의 첫 페이지 화면에서는 기껏해야 몇 권밖에 표시되지 않는다. 능동적으로 페이지를 넘겨보지 않는 이상 수십 종류의 책 제목을 볼 수 없다. 따라서 인터넷 서점은 새로운 발견에 적합하지 않다. 인터넷 서점만 계속 사용하고 오프라인 서점에 가지 않았다면 그 사실을 깨닫지 못했을 것이다.

원격근무도 이와 비슷한 구석이 있다. 언뜻 편리하고 만족도가 높아 부족함이 잘 안 느껴진다. 올바른 지식에 접근하는 등 정보를 입수하는 기술이나 인맥이 부족해도 좀처럼 그것을 깨닫지 못하고, 스스로는 일이 잘되고 있고 성장하고 있다는 착각을 하고 만다. 바로 이 점을 주의해야 한다. 그러면 구체적으로 어떻게 해야 할까? 원격근무에 대해 조금 더 깊이 생각해보자.

원격근무에서 살아남는

사내 인맥 자산
구축법

원격근무의 핵심, '사내 인맥 자산'

팀 커뮤니케이션을 위한 GOOD & NEW 프로그램

원격근무를 위해 회사가 준비해야 할 것

원격근무의 핵심, '사내 인맥 자산'

업무를 해나가는 데 있어 직장 동료와의 관계는 중요하다. 이를 '사내 인맥 자산'으로 부르기로 하자. 사내 인맥 자산과 정보의 입력량은 비례한다. 원격근무로 일하게 되더라도 사내 인맥 자산이 많은 사람은 동료들로부터 다양한 정보가 들어온다. 반면에 사내 인맥 자산이 적고 정보 검색 능력이 없는 사람은 원격근무로 일하는 순간 들어오는 정보량이 단번에 적어진다. 혹은 정보량이 많더라도 편향되기 쉽다.

이렇게 정보량과 커뮤니케이션이 줄어들 수 있기 때문에, 모든 업무가 원격근무로 한정되면 업무 내용도 제한된다. 그러면 다음과 같은 방식으로 일할 수밖에 없다.

1. 부업형: 입력이 필요하지 않은 단순 작업. 데이터 입력 등의 단순 작업은 원격근무로도 가능하지만 높은 급여는 바랄 수 없다.

2. 프로 인재형: 훈련받은 기술로 개인 차원에서 업무를 완결한다. 다만 크라우드웍스CrowdWorks나 랜서스Lancers 등 프리랜서 플랫폼에 등록된 프로 인재, 저임금 하청 인재와 비교될 수 있다는 각오를 해야 한다.

3. 지사장형: 팀원들을 온라인으로 관리하면서 업무를 진행한다. 애초에 지사에서 근무하는 사람은 본사에서 보면 원격 상태와 마찬가지다.

'프로 인재형'이 되려면 특별한 기술이 필요하다. 그리고 여러분의 장점을 알고 적확하게 업무를 넘겨주는 사내 인맥 자산이 있어야 비로소 성공한다. 만약 사내 인맥 자산인 사람이 인사이동을 하거나 퇴직하면 원하는 업무를 하지 못할 수 있다. '지사장형'은 높은 관리 기술이 필요하다. 우리 회사의 부사장은 코로나19가 발생하기 전부터 도쿄 지사(2022년 7월부로 삿포로와 도쿄 2본사 체제로 바뀌었다)에 혼자 있으면서 삿포로 본사의 직원을 원격으로 관리하고 있었다.

프로 인재형이나 지사장형을 목표로 한다면 지금보다 더 기술을 갈고닦아야 한다. 그러기 위해서는 원격근무를 한다고 해도 일단은 근무 형태를 출근으로 돌리고 기술과 사내 인맥 자산을 만든 다음에 원격근무로 돌리는 방식이 좋다.

팀 커뮤니케이션을 위한 GOOD & NEW 프로그램

우리 회사에서는 원격근무를 하더라도 최대한 사내 인맥 자산을 구축할 수 있도록 줌Zoom으로 직원 간 커뮤니케이션을 활성화하기 위해 다양한 방안을 모색 중이다. 예를 들면 'GOOD & NEW'가 그런 방안 중 하나다. 이것은 24시간 이내에 일어났던 일 중에서 '좋았던 것GOOD'과 '새로운 발견NEW'을 한 사람당 1분씩 이야기해서 모두와 공유하고 격려해주는 프로그램이다. 조직과 팀의 활성화, 아이스브레이킹 등을 목적으로 미국의 교육학자 피터 클레인Peter Klein이 개발한 기법이기도 하다.

GOOD & NEW는 다음과 같이 진행한다.

1. 줌에서 3~5명으로 팀을 구성한다.

2. 그중 한 명이 1분 동안 이야기한다.

3. 이야기가 끝나면 말한 사람을 제외한 나머지 사람들이 박수를 친다.

4. 다음 사람이 이야기한다.

5. 모두가 말할 때까지 반복한다.

6. 마지막 사람이 "오늘도 잘 부탁합니다"라고 말하고 종료한다.

GOOD & NEW에서는 업무 이외의 사적인 이야기를 하는 경우가 많아서, 한번 해보면 동료에 대해 인간적인 관심이 생기고 서로를 동료로 인식하기 시작한다. 또한 우리 회사에서는 온라인으로 친목회 같은 행사도 진행하고 있다. 원격근무를 하더라도 회사 내에 어떤 사람이 있는지를 알면 막상 무슨 일이 생겼을 때 상담할 수 있다.

원격근무를 위해 회사가 준비해야 할 것

원격근무는 관리하는 쪽의 관점에서는 매우 편하다. 성과만 살펴보면 되기 때문이다. 사무실 근무라면 '열심히 했는데 평가를 잘못 받았다'라는 불만을 품을 수도 있어서 그때마다 면담을 해야하지만, 원격근무는 열심히 했는지 아닌지 애초에 알 수 없다. 성과로 평가할 수밖에 없으니 평가라는 점에서 보면 관리는 매우 편해진다.

다만 젊은 직원이나 성과가 오르지 않는 사람에게 원격근무는 혹독하기만 하다. 옆자리에 있는 사람이 "여기가 잘못되었어요", "이 자료도 보는 게 좋아요", "그건 A 씨가 잘 알아요"처럼 하나하나 자세히 알려줄 수 없고, 과정에 상관없이 성과만으로 평가받는다. 그 때문에 심리적으로 무너지는 사람도 나올 수 있다. 이 점을 잘 감안해서 사내 커뮤니케이션을 활성화하는 시스템을 확실히 준비해두는 것이 좋다.

개척 정신이냐, 정보 부족이냐?

불확실성을
다루는 법

'위험을 감수하는 도전'의 진짜 위험

리더는 도전과 도박을 구분해야 한다

경영에 활용하는 '아르키메데스의 원리'

6개월 차 신입사원도 할 수 있게 만들어라

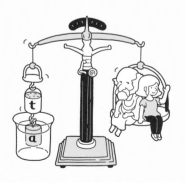

'위험을 감수하는 도전'의 진짜 위험

우리는 사소한 노력은 무시하면서 대담한 행동을 선호하는 경향이 있다. 그리고 이런 행동을 '위험을 감수하는 도전'이라며 자랑스럽게 말한다. 물론 온갖 어려움을 딛고 회사를 세운 창업가가 위험을 감수하고 도전하는 자신을 자랑스러워하는 것은 자유다. 하지만 창업가의 영웅주의에 휘말려 직장을 잃을 위기에 놓인 직원은 그 상황을 두고 볼 수만은 없다.

위험을 감수한다는 것은 '시도했을 때 잘될지 어떨지 알 수 없는 일에 도전하는 것'이라고 할 수 있다. 여기서 잘될지 어떨지 알 수 없는 이유는 아무도 해보지 못해서 모르는 경우도 있지만, 당사자가 정보와 지식이 부족해서 모르는 경우도 있다. 소프트뱅크의 손정의 사장이나 유니클로의 야나이 다다시 사장, 라쿠텐의 미키타니 히로시三木谷浩史 사장 같은 이들의 개척 정신과 작은 스타트업의 좁은 시야를 혼동해서는 안 된다.

리더는 도전과 도박을 구분해야 한다

나는 이제까지 위험을 감수하는 도전은 일절 하지 않았다. 매출 1,000억 원 이하 정도의 사업이라면 굳이 위험을 감수하지 않아도 할 수 있다. 그리고 이런 사업은 기존의 사례에서 힌트나 정보를 얻을 수 있다. 선행 사례를 연구하고 테스트 마케팅 등을 진행해 확실히 계산하면 성공 확률은 대체로 보이기 때문에 확률이 높은 방법을 실행하면 된다.

그런데 이렇게 매출 1,000억 원 이하인 회사가 아무도 가보지 않은 길에 도전한다면 어떨까? 이는 용기 있는 도전이 아니라 지식과 정보가 부족해 저지르는 실수일 뿐이다. 나는 창업할 때부터 수많은 선행 사례를 조사하고 연구했다. 자금이 부족한 상황에서 절대 실패하면 안 되었기에 성과를 올리려면 그렇게 할 수밖에 없었다.

불확실한 것을 내다볼 수 있게 하는 것이 프로의 업무다. 그러기 위해서는 알 수 없는 것, 알지 못하는 것을 철저하게 연구해 위험을 제로에 가깝게 만들어야 한다. 나는 이제까지 내가 직접 시스템을 만들어서 회사의 모든 데이터를 파악하고 있다. 새로운 것을 할 때는 데이터와 데이터를 조합해 계산하면 성공 확률을 꽤 정확하게 판단할 수 있다.

불확실한 상태로 도전하는 것은 사업이 아니라 도박일 뿐이다. 경영자는 공부를 게을리해서 직원을 길바닥에 나앉게 해서는 안 된다. 먼저 공부부터 하고 그런 다음 엑셀을 활용해 계산하도록 하자.

경영에 활용하는 '아르키메데스의 원리'

데이터와 데이터의 조합은 아르키메데스의 원리가 탄생했을 때의 발상에 가깝다. 아르키메데스(B.C.287~B.C.212)는 고대 그리스의 수학자로, 왕으로부터 왕관이 진짜 금으로 만들어졌는지 확인해달라고 부탁받은 이야기로 유명하다.

그전까지는 순금인지 아닌지 확인하려면 왕관을 녹여서 알아보는 방법밖에 없었다. 그러나 아르키메데스는 액체의 질량, 중력, 부력의 관계로부터 왕관을 물에 가라앉혀 넘쳐흐른 물의 양만 가지고 순금인지 아닌지를 판단할 수 있는 계산식을 고안해냈다. 이 계산 방식이 아르키메데스의 원리다.

우리 회사의 경영은 바로 이 원리를 적용한 것이다. 광고비를 들이면 매출은 증가해도 이익률은 감소한다. 반면에 광고비를 아끼면 이익률은 올라도 매출의 기회 손실이 발생한다. 그래서 우리 회사에서는 그동안 들인 광고비와 1년간의 재주문 예측 숫자를 곱해서, 얼마만큼 광고에 투자해야 가장 이익이 극대화될지를 구하는 계산식을 완성했다. 정확한 계산만이 실패하지 않는 경영으로 이어진다는 사실을 기억하라.

6개월 차 신입사원도 할 수 있게 만들어라

고객 한 명을 유치(수주)하는 데 들어간 비용을 CPO^{Cost Per Order}라고 한다. 어떤 업종이든 주문을 받으려면 광고를 내보내든지, 영업을 하든지 어떤 식으로든 판촉이 필요하다. CPO를 들이면 매출은 오르지만 비용도 들어가니 이익은 감소한다.

우리 회사에서는 앞서 소개한 계산식으로 '얼마를 투자해야 언제 얼마가 되어 돌아올지'라는 명확한 숫자가 있어서, 6개월 차 신입사원이라도 월간 수억 원의 광고 예산을 운용할 수 있다. 그 숫자를 넘어가면 중단해야 한다는 명확한 기준이 있어 실패하지 않기 때문이다. 이 개념에 관해서는 내 책《매출 최소화 이익 최대화》를 참고하길 바란다.

이처럼 우리 회사에서는 현상의 관련성을 항상 숫자로 생각한다. 매일 일어나는 모든 일을 숫자로 살펴보는 것이야말로 업무의 알고리즘을 만들어내는 방법이다. 그리고 인과관계가 있는 것은 수치화하면 성공 확률을 알 수 있다.

생각하는 힘을 키우는

직감을 숫자로
바꾸는 법

직감을 숫자로 바꾸는 습관

단가가 저렴해지면 주문을 늘려야 할까?

직감을 숫자로 바꾸는 습관

상사에게서 '스스로 생각해서 행동하라'라는 말을 들으면 약간 긴장할지도 모르겠다. 하지만 생각은 일상적인 업무를 할 때 무척이나 중요하다. 뭔가가 잘되지 않았을 때 왜 잘되지 않았는지 생각하면 다른 사람과 차별점이 생긴다. 예컨대 주문 건수가 줄면 곧바로 "이제 이 상품은 잘 팔리지 않아요. 가격을 내립시다"라고 말하는 사람이 있다. 하지만 이처럼 직감으로 판단하지 말고 주문이 줄어든 이유를 숫자로 치환해서 생각해보는 것이다.

우리 회사 같은 인터넷 쇼핑몰이라면 광고를 내보내고 광고를 본 사람이 클릭해서 상품 페이지로 들어와 구매한다. 주문 건수가 줄어들었다면 상품 페이지를 방문한 사람들의 수가 줄었거나 페이지를 방문한 사람의 구입률이 떨어졌거나 둘 중 하나다. 그리고 페이지를 방문한 사람이 줄어들었다면 광고의 표시 횟수가 줄었거나 광고의 클릭률이 떨어졌거나 둘 중 하나다. 즉 주문 건수가 줄어든 이유는 '상품 페이지를 방문한 사람의 구입률이 떨어졌다', '광고 표시 횟수가 줄었다', '광고의 클릭률이 떨어졌다' 세 가지 중 하나이므로 먼저 이것을 확인한다.

뭔가 문제가 생겼을 때 어디에 원인이 있는지를 찾고 해결책을 찾아내는 버릇을 들이자. 그러면 오늘 해야 할 일이 정해진다. 뭔가 새로운 것에 도전할 때는 '최종 목적 역산 사고'로 해야 하지만, 원래 잘되어가던 일이 잘되지 않을 때는 '원인 해소 사고'를 효과적으로 활용해야 한다.

단가가 저렴해지면 주문을 늘려야 할까?

잠깐 여기서 발주 조건에 따른 계산 문제를 풀어보자.

연습 문제

단가 5,000원인 상품이 2,000개 필요해서 발주하려고 했더니, 거래처에서

"2,500개 발주해주면 단가를 4,500원으로 해드릴게요"라는 말을 들었다. 어떻게 해야 할까?

이럴 때 상사에게 "어떻게 할까요?"라고 물어보며 판단을 맡겨버리는 사람도 있지만 "이런 계산 결과가 나왔으니 이렇게 하시죠"라며 직접 계산한 후에 판단을 청하는 사람도 있다. 물론 좋은 평가를 받는 사람은 후자다. 그렇다면 어떻게 계산할까?

단가 5,000원×2,000개=총액 1,000만 원
단가 4,500원×2,500개=총액 1,125만 원

즉 2,500개 발주했을 경우 필요한 2,000개는 단가 5,000원에, 추가한 500개는 총 125만 원에 살 수 있다는 뜻이다. 그러면 추가분 500개분의 단가는 얼마일까?

125만 원÷500개=단가 2,500원

추가분 500개분의 단가는 2,500원이다. 일단 여기까지 계산한다(그림 19).

그림 19 **발주 조건에 따른 계산**

필요한 상품 수는 2,000개지만 2,500개 주문하면 단가가 내려갈 때

개수	단가	총
2,000개	5,000원	10,000,000원
2,500개	4,500원	11,250,000원

2,500개 주문했을 경우 추가된 500개분의 단가를 산출하면

총계 차이	개수 차이	차이분의 단가
1,250,000원	500개	2,500원

2,000개 필요할 때 2,000개를 개당 5,000원으로 발주함과 동시에 500개를 추가하면 추가분은 개당 2,500원(반액)에 사들일 수 있다.

이번 같은 경우 필요한 수량은 2,000개다. 저렴하다고 해서 500개 더 사더라도, 다 팔지 못해서 파기하면 결국 손해가 된다. 그렇다면 앞으로 몇 개까지 팔아야 할까?

500개는 개당 2,500원으로 평소의 반값이기 때문에 가령 절반인 250개를 불량 재고로 파기하게 되더라도 단가 5,000원에 추가 250개를 사들이는 것과 다르지 않다. 만약 250개분이 다 팔린다면 사는 쪽이 이득이다. 따라서 그 상품이 앞으로 250개 이상 팔릴 것으로 예상된다면 2,500개를 사는 쪽이 이득이고, 250개 이상 팔 수 없을 것으로 예상된다면 불량 재고가 되어 손실이

난다. 그러면 상사에게 가서 이렇게 말할 수 있다.

"추가 500개분을 반액인 2,500원에 구입할 수 있는데, 절반인 250개 이상 다 팔 수만 있다면 손해는 나지 않습니다. 영업부의 예측으로는 ○월 ○일까지 250개는 더 팔 수 있다고 하니 사는 게 더 좋다고 생각하는데 괜찮을까요?"

일상 업무에서 일어나는 일을 항상 수치화하면서 생각하는 습관을 들이자.

아무리 어려운 문제일지라도

한 시간 안에
답을 찾는 법

1년에 10억 원을 벌어야 한다면

10억 원을 벌어들이는 6단계 생각 실험

끝까지 포기하지 말고 생각하라

1년에 10억 원을 벌어야 한다면

대부분 문제는 한 시간 동안 집중해서 생각하면 반드시 답이 나온다. '어떻게 해야 할지 모르겠다'라며 고민하는 것은 도중에 생각하기를 그만두었기 때문이다. 예를 들어 '1년에 10억 원의 이익을 벌어들이는 방법을 한 시간 동안 집중해서 생각해보라'라는 과제가 주어졌다면 어떨까? 조건은 법률에 저촉되지 않고, 남에게 폐를 끼치지 않는다면 뭐든지 해도 된다. 나는 몇 번인가 팀을 구성해 이 문제를 생각해봤는데, 진지하게 집중해서 생각하면 실행할 수 있는 수준의 아이디어가 나오곤 했다.

먼저 단순한 것은 '보수형'이다. 어떤 직업이든 좋으니 직접 일해서 10억 원을 벌어들이는 것이다. 다만 이 경우 기술이나 재능이 필요한데, 당장 그 기술이 없다면 1년 이내에 10억 원을 벌기는 어렵다. 그래서 '차익형'이 부상한다. 상품 또는 서비스를 개발하거나 사들여서 판매하고, 매출에서 원가를 뺀 실수령 수입(이익)을 얻는 것이다. 차익형의 경우 최소한 10억 원 이상의 매출이 필요하다.

10억 원을 벌어들이는 6단계 생각 실험

나는 팀을 구성해서 다음과 같은 단계로 생각했다.

1단계. 일단 이익을 무시하고 매출을 10억 원 올리는 방법을 찾는다

· 연매출 10억 원인 회사를 인수한다.

· 연매출 10억 원인 영업사원을 스카우트한다.

· 연매출 10억 원인 사람과 결혼한다.

이런 식으로 황당무계해도 좋으니 어쨌든 이론상 가능한 방법을 찾는다. 그러다 보면 '원가 10억 원인 상품을 10억 원에 판다. 인터넷에서 컴퓨터를 원가로 판매하면서 가격 비교 사이트에 상품을 올리면 반드시 팔린다' 같은 실현성이 보이는 방안도 나온다.

2단계. 매출 순이익을 내려면 어떻게 해야 할까?

컴퓨터를 직접 만들어 판다. 판매가 20퍼센트 할인, 매출 순이익 20퍼센트, 원가 60퍼센트로 매출 순이익을 2억 원 올릴 수 있다.

3단계. 어떻게 만들까?

· 한 대에 100만 원인 컴퓨터를 20퍼센트 할인해서 1,000대 판매해 연매출 8억 원을 만든다.

· 그러기 위해서는 하루 세 대 제조(1,000대÷365일=하루 약 3대)해야 하는데 나 혼자서는 만들 수 없다.

· 아르바이트를 세 명 고용해서 1인당 하루 한 대씩 만들게 하고 나는 수주 처리, 발송, 홈페이지 운영 등을 한다. 이 경우 아르바이트비는 '월급 150만 원×3명×12개월=5,400만 원'이다.

· 매출 순이익 2억 원-아르바이트비 5,400만 원=1억 4,600만 원(이익)이 남는다.

4단계. 원재료비 자금은 어떻게 할까?

컴퓨터 제조의 원재료비는 선불이다. 원재료비는 연 6억 원(월 5,000만 원)이므로, 첫 달 판매분의 제조 원가로 5,000만 원을 조달할 필요가 있다. 즉 은행에서 5,000만 원 빌리면 된다.

5단계. 은행이 5,000만 원을 빌려주지 않을 경우 어떻게 할까?

빌려주는 은행을 찾는다. 아니면 5,000만 원을 투자하면 1년에 1억 4,600만 원의 이익을 만들어내는 초고수익 사업이라는 점을 설명하고 출자를 모은다.

6단계. 1억 4,600만 원의 이익을 만들어냈지만 목표했던 10억 원에서 8억 5,400만 원 부족한 것은 어떻게 할까?

컴퓨터 사업의 매출을 70억 원까지 늘리거나 똑같은 방식으로 컴퓨터 이외의 분야에 여섯 군데 더 진출한다. 이로써 순조롭게 10억 원을 벌어들일 수 있다.

끝까지 포기하지 말고 생각하라

예전에 우리 회사의 채용 시험에 '1년 만에 1억 원을 벌어들이려면 어떻게 해야 할까?'라는 문제를 냈던 적이 있었다. 대부분 사람은 "방법이 안 떠오릅니다"라고 말하고 생각하기를 포기했다. "주식 투자를 합니다"라고 말하는 사람도 있었다. 그에게 "주식으로 1억 원 버는 방법을 알고 있습니까?"라고 물어보니 그는 거기서 말문이 막혀버렸다. "친구에게 물어봅니다"라고 하는 사람도 있었다. "친구는 1억 원 버는 방법을 알고 있습니까?"라고 물어보니 "모릅니다" 하고는 입을 다물었다.

그런 가운데 과외를 하던 사람이 "시급 2만 원인 온라인 과외를 하루 14시간, 358일 하면 1억 원을 벌 수 있습니다"라고 말했다. 물론 그 말대로 실행할 수는 없겠지만, 이 사람처럼 끝까지 포기하지 않고 아이디어를 짜내어 실행 가능한 수준으로까지 구체화할 수 있어야 한다.

답을 찾지 못하는 이유는 사고를 멈추었기 때문이다. 한 시간 집중해서 생각하면 반드시 방법을 찾을 수 있다. 이 사례뿐만 아니라 어렵다고 생각하는 과제에 대해 팀을 꾸려 서로 이야기해보자. 그러면 과제 해결법을 여러 가지로 찾을 수 있다. 될 리가 없다며 포기하고 있던 과제라도 한 시간 제대로 생각하면 분명 답을 찾을 것이다.

새로운 도전이 즐거워지는

성공 확률
70퍼센트 룰

성공 확률 70퍼센트를 유지하라

성공 확률 70퍼센트를 유지하라

어떤 일이 잘되고 있는지 아닌지를 판단할 때 '해보지 않으면 모른다. 모 아니면 도니까 일단 해보자'라고 생각하는 것은 무모하다. 하지만 잘될 것이라고 확신할 수 있을 때까지 계속 기다리다 보면 절대로 실행할 수 없다. 그래서 '70퍼센트의 확률로 잘될 것이다'라고 생각했다면 도전해보는 것이다.

성공 확률 70퍼센트에 도달할 때까지는 철저하게 생각하고 알아본다. 그리고 70퍼센트에 도달하더라도 30퍼센트는 실패할 수 있다고 생각해야 한다. 하지만 실패는 부정적인 것이 아니다.

'이런 식으로 하면 실패'라는 데이터를 회사에 축적해서 앞으로 일어날 실패를 방지하는 긍정적인 신호로 보도록 하자.

다만 똑같은 실패를 반복하는 것은 의미가 없다. 이는 성공 확률 70퍼센트에 도달할 때까지의 조사가 엉성했다고 보고 다음부터 더 철저히 조사한다. 또한 실패는 회사의 치명상이 되지 않는 범위로 한정한다. 90퍼센트의 확률로 잘될 일이지만 혹시라도 실패했을 때 1,000억 원의 부채를 떠안고 회사가 도산할 수 있다면 역시 도전해서는 안 된다.

경험을 쌓으면 쌓을수록 성공 확률은 80~90퍼센트로 올라간다. 다만 그뿐이라면 성장하는 것이 아니라 그저 숙달되고 있을 뿐으로, 새로운 도전을 하지 않는다는 증거다('성장'과 '숙달'의 차이는 5장에서 더 살펴볼 것이다). 늘 새로운 무대에 올라 70퍼센트를 유지할 수 있는 도전을 계속하는 것이 중요하다.

미래에도 일 잘하는 나를 위한

연차별
성장 공식

연차별로 중요한 '4대 스킬'을 익혀라

연차별로 중요한 '4대 스킬'을 익혀라

연차별로 익혀야 하는 스킬, 요구되는 스킬은 달라진다. 일찍 성과를 내고 자만한다면 금세 동료나 후배에게 따라잡힌다. 그래서 여기서는 연차별로 익혀야 하는 네 가지 스킬을 정리했다 (그림20).

1. 업무 스킬(실제 업무를 수행하는 스킬)

2. 팀 관리 스킬

3. 미지의 문제 해결 스킬

그림 20 **연차별로 익혀야 하는 네 가지 스킬**

일반 사원~리더급	관리직(과장·부장급)	경영자(임원급)

④ 시스템을 만드는 스킬

③ 미지의 문제 해결 스킬

① 업무 스킬=실제 업무를 수행하는 스킬

② 팀 관리 스킬

~5년　~10년

4. 시스템을 만드는 스킬

1. 업무 스킬

　직종에 따라 다르겠지만 거의 모든 직종에서 대부분 업무는 보통 3~5년이면 마스터할 수 있다. 근속 5년인 사람과 15년인 사람의 성과 공헌도는 크게 차이 나지 않는다. 센스가 좋은 사람은 업무를 금방 익힐 수 있지만 거기서 만족하면 이후의 스킬 향상은 바랄 수 없다. 따라서 업무만 잘하는 사람은 5년 차 이후에는 급여가 오르지 않는다.

2. 팀 관리 스킬

업무 스킬을 마스터한 후 조직과 팀을 움직여 더욱 큰 성과를 내는 스킬이다. 스스로 플레이어로서 활약하는 것뿐만 아니라 여럿이서 커다란 업무를 수행하는 업무 관리를 하려면 다음 스킬을 익혀야 한다.

- 개인이 아닌 팀 전체의 업무를 적절히 파악하기
- 다른 사람에게 알기 쉽게 업무를 가르치고 육성하기
- 다른 사람의 업무를 관리하기
- 다른 사람의 스트레스 관리하기

그러나 이 역시 5년 정도면 마스터할 수 있으며, 이후에 크게 성장하는 일은 없다.

3. 미지의 문제 해결 스킬

미지의 문제가 발생했을 때 스스로 독창적인 해결책을 고안해내는 스킬이다. 예전에 경험해본 적이 있는 문제는 '경험치'로 해결할 수 있다. 경험치가 높은 사람은 언뜻 문제 해결 스킬이 높은 것처럼 보이지만, 경험해본 적 없는 미지의 문제를 맞닥뜨렸을 때는 전혀 대응하지 못하기도 한다. '경험치가 높아서 해결 능력이 높은 것'과 '미지의 문제에 대한 해결 능력이 높은 것'은 별개의 문제다.

회사에서 이런 미지의 문제가 발생했을 경우 해결해야 한다는 것은 알지만 스스로 해결할 수 없어 상사에게 맡기는 사람은 아직 갈 길이 멀다. 회사에서 발생한 미지의 문제는 상사에게도 미지의 문제다.

미지의 문제를 해결하는 스킬은 경험과 관계없이 어떤 '의식'을 가졌는지가 중요하다. '해결할 때까지 포기하지 않는다', '누군가가 해결해야 한다면 내가 해결해보자'라는 당사자 의식을 가져야 한다. 반대로 '이건 불가능하다', '현실적이지 않다', '무리인 건 무리다'라며 생각하기를 중단하면 모든 성장이 멈춘다. 앞서 한 시간 집중하면 아무리 어려운 문제일지라도 답을 찾을 수 있다고 이야기했다. 포기하지 않고 끝까지 생각해내려는 자세가 중요하다.

다른 사람은 그 문제를 해결했을지도 모른다. 할 수 있었던 사람은 이 세상에 아무도 없었을까? 특수한 능력이 있어야만 할 수 있을까? 성공 사례에서 방법을 배우는 '최종 목적 역산 사고'로 생각해보자.

4. 시스템을 만드는 스킬

업무 스킬, 팀 관리 스킬, 미지의 문제 해결 스킬을 익힌 다음에는 조직에서 문제를 해결할 수 있는 시스템을 만들자. 직접 문제를 해결하거나 해결 스킬을 교육하는 것이 아닌 '문제가 잘 일어나지 않는 시스템', '문제가 체계적으로 해결되는 시스템'을 생각하고 '문제가 문제가 아니게 되는 상태'를 만들어 다른 사람이 일상적으로 해결할 수 있는 시스템을 만드는 것이다. 이는 경영자의 업무다.

이처럼 위치에 따라 요구되는 것이 달라지면 익혀야 할 스킬도 달라진다. 어느 한 가지 스킬을 익힌 것에 만족하지 말고, 항상 앞을 내다보고 더 높이 도약하도록 하자.

그들은 분명히 가지고 있다

20퍼센트의
탁월함

제자가 스승을 넘어서지 못하는 이유

탁월한 20퍼센트에 주목하라

성공하는 사람은 똑같은 조건에서 더 많이 배운다

제자가 스승을 넘어서지 못하는 이유

어떤 분야에서 독보적인 성과를 올린 사람이 있다고 하자. 그 사람을 조금 떨어진 곳에서 보면 대단하게 느껴져 존경심이 생기고 배울 점이 보인다. 하지만 성공한 사람의 바로 옆에 있으면 그 사람이 얼마나 대단한지 배울 수 없다. 아무리 성공한 사람이라 해도 인간이다. 그의 능력과 특성 중 20퍼센트는 뛰어나지만 80퍼센트는 평범하거나 심지어 나쁜 부분도 있다. 거리가 너무 가까우면 평범한 80퍼센트에 눈길이 가고 탁월한 20퍼센트는 보이지 않게 된다.

카리스마가 있다고 생각했던 사람을 가까이서 보고 '뭐야, 의외로 대단한 건 없네', '이 사람이 잘된 건 운 때문이 아닐까?', '이 사람이 이만큼 성공했는데 나도 시간이 지나면 똑같이 성공하지 않을까?'라는 느낌이 든다. 이래서는 모처럼 가까이 있어도 그의 성공 비결을 배울 수가 없다.

2세 경영자 중에는 이처럼 성공한 사람과 거리가 너무 가까워서 오히려 배울 수 없게 되는 딜레마에 빠져버리는 사람이 많다. '세상 사람들은 아버지를 전설의 경영자라며 추켜세우지만 집에서는 술 마시고 뒹굴뒹굴할 뿐이잖아', '이런 아버지도 할 수 있었으니 나는 더 대단할 거야'라고 자만하는 식이다.

일본의 예능계에서는 스승과 숙식을 함께하는 제자가 스승을 뛰어넘는 경우가 거의 없다. 왜냐하면 제자가 스승을 한 인간으로 보게 되기 때문이다. 거리가 너무 가깝다 보니 스승의 탁월한 능력을 객관적으로 보지 못하는 것이다.

가부키 등 전통 예능의 세계나 재벌 기업 등에서는 이런 현상에 대비해 제자 또는 자녀를 체계적으로 교육하는 시스템을 마련해두고 있다. 어릴 때부터 부모와 자식 간에 일정한 거리를 유지하고 경어를 사용하면서 전통 예능이나 경영을 배우게 하는 것이다.

탁월한 20퍼센트에 주목하라

애초에 자기 주변에 성공한 사람이 있다는 것은 그만큼 혜택받은 환경에 있다는 뜻이다. 이를 잊어서는 안 된다. 가까이에 있으면 형식지, 즉 언어와 같이 밖으로 드러나는 지식뿐만 아니라 드러나지 않은 암묵지도 배울 수 있다.

먼저 20퍼센트의 장점에 집중해서 배워야 한다. 만약 80퍼센트의 평범함이나 단점을 보고 '나와 별반 다르지 않구나'라고 생각했다면, '그런데도 왜 이 사람은 이렇게 성공했을까? 내가 알아차리지 못한 뭔가가 있을 거야'라고 다시 생각을 돌려 그 사람과 자신의 차이를 곰곰이 관찰해야 한다. 나는 이를 실천한 덕분에 성공한 사장과 나의 차이가 '행동을 실행으로 옮기는 비율'임을 깨달았다.

또한 성공한 사람에게서 20퍼센트의 장점만을 배우는 방법도 있다. 성공한 친구에게서 사고방식이나 노하우를 배우고 싶은 경우라면 식사하는 중에라도 질문에 대답해주겠지만 체계적으로 가르쳐주지는 않을 것이다. 그러는 사이에 친구의 평범한 부분, 나쁜 부분에 눈길이 가서 배우고 싶은 마음이 사라질 수도 있다. 이런 경우는 친구를 강사로 초빙해 스터디를 열고 체계적으로 강의를 받는 방법을 생각해볼 수 있다.

성공하는 사람은 똑같은 조건에서 더 많이 배운다

20퍼센트의 장점에 주목해서 반드시 배우겠다고 마음먹으면 아무리 친구 사이일지라도 깊이 있게 배울 수 있다. 오랜 친구와 재회하게 되면 보통은 "그동안 달라진 게 없네"라는 이야기가 나온다. 하지만 사람 자체는 달라지지 않았을지언정 그의 주변은 모두 달라져 있다. 만약 전혀 달라지지 않았다면 성장하지 않았다는 뜻이다.

배움이 많은 사람은 다른 사람보다 배울 수 있는 일이 더 많이 일어나는 것이 아니다. 다른 사람과 똑같은 일에서 더 많이 배우는 것이다. 자기보다 뛰어난 친구를 보고 '하지만 이 녀석은 이런 점이 안 된다'라며 단점을 찾을 것인가, '이 친구의 뛰어난 점을 배우자'라며 20퍼센트의 장점에 집중할 것인가? 이 선택에 따라 여러분의 인생이 크게 바뀐다는 사실을 기억하길 바란다.

일회성 성과로 그칠 것인가?
'지금이 기회'라는 함정

트렌드는 트렌드일 뿐
'지금이 기회'는 진짜 기회가 아니다

트렌드는 트렌드일 뿐

사업을 하다 보면 '열풍'을 만날 때가 있다. 이럴 때 '지금이 바로 시작할 기회'라며 주위에서 도전을 권유받는 경우가 있다. 하지만 이런 때야말로 자신의 머리로 생각해야 한다.

우리 회사를 창업할 당시 나는 30세가 넘었다. 창업가로서는 절대 젊지 않았기에 뭔가 잘못된다고 해서 다시 시작할 수는 없다고 생각했다. 그때 중시했던 것이 사업의 영속성이다. 일회적인 기회가 아닌 지속적인 기회를 찾아내야 한다. 장사에는 트렌드가 있다. 그러나 트렌드 때문에 상품이 잘 팔려도 트렌드가 바꿔면 점차 팔리지 않게 된다. 따라서 나는 트렌드에 편승해 상품을 파는 것이 아니라 품질을 인정받아 잘 팔리는 방법을 추구했다. 그리고 모든 자원을 집중해서 다른 누구도 모방할 수 없는 품질을 실현하고자 했다. 품질은 재구입률과 직결되고, 계속 잘 팔리는 상품만이 높은 이익을 만들어내면서 사업의 영속성으로 이어지기 때문이다.

'지금이 기회'는 진짜 기회가 아니다

'지금이 기회'란 엄밀하게 말해서 '지금만 기회'이지 진짜 기회가 아니란 뜻이다. 지금이 기회라며 말하는 시점은 이미 재현성이 없다. 진짜 성과를 계속 올리려면 찰나의 기회에 걸 여유가 없다. '지금만 기회'는 단기간에는 잘나가더라도 몇 년 후에는 소용이 없어지기 때문이다. 진짜 소용없어질지 어떨지가 신경 쓰일 때는 과거의 사례를 차분히 알아보면 된다. 분명 비슷한 사례가 있을 것이다.

음식점으로 성공해서 오랫동안 승승장구해온 사람은 지금 한창 유행 중인 디저트 가게를 하려고 하지는 않을 것이다. 지금 당장은 가게를 내면 잘되겠지만 2년 후에는 유행이 끝나 있을 것을 알기 때문이다.

사업은 경험을 쌓아나가며 성장해야 한다. 따라서 머지않아 제로가 될 것에 자원을 할애해서는 안 된다. 정말로 성공하고 싶다면 10년 후든 20년 후든 지속 가능한 사업을 만들자. 일회성 기회는 한시적으로 성공할 수는 있어도 사업의 영속성을 보장하지 못한다. 시야를 넓혀 자신과 사업의 지속적인 성장을 위한 도전과 노력이 여러분을 진정한 성공으로 이끌 것이다.

섣부른 선입견은 절대 금지

철저한 조사만이
살길

아이디어는 어떻게 무산되는가

선입견으로 가능성을 차단하지 마라

아이디어는 어떻게 무산되는가

이커머스 사업을 시작했을 무렵의 일이다. 당시에는 게나 멜론 등 홋카이도 특산품을 취급했다. 2000년 무렵은 아직 인터넷으로 상품을 구매하는 것이 희귀한 시대로, 월매출 1,000만 원을 올리면 업계의 슈퍼스타로 인정받고 책을 낼 수 있을 정도였다. 나도 매출을 올리기 위해 시행착오를 거듭했지만 월매출은 100만 ~200만 원 정도로 제자리걸음이었다.

어느 날 동업자와 정보 교환을 하다가 뉴스레터를 발행하면 좋다는 말을 들었다. 홈페이지를 만들어 고객을 기다리기만 하는 것이 아니라 뉴스레터로 회원 가입을 받고 상품을 소개하는 게 좋다는 것이다. 이렇게 되면 뉴스레터의 독자 수를 늘리는 것이 중요해진다. 뉴스레터 독자를 어떻게 하면 늘릴 수 있을까?

당시에는 경품 응모 사이트가 유행했다. 갑자기 머릿속에 떠오른 게 있었다. 경품 응모 사이트에 '추첨으로 ○명에게 킹크랩 증정'이라고 게재하는 것이다. 응모할 때 동의를 구해 뉴스레터 회원 가입을 받고 독자를 늘리는 작전이다. 나는 직감적으로 '바로 이거다!'라고 생각했다. 그런데 한 지인이 "그건 안 돼"라고 말했다.

"경품에 응모하는 사람은 공짜를 원할 뿐이야. 상품 구매로는 이어지지 않을 거야."

나도 그렇다고 생각해서 이 전략은 실행하지 않았다.

선입견으로 가능성을 차단하지 마라

그 후 얼마 안 되어 월매출 1,000만 원이 넘는다는 사람의 세미나에 갔다. 듣자 하니 그는 뉴스레터로 매출을 올렸다고 한다. 질의응답 시간에 나는 그에게 질문했다.

"어떻게 해서 독자를 늘렸나요?"

"경품 응모 사이트를 사용했어요."

나는 놀라서 질문했다.

"경품에 응모하는 사람은 공짜 상품에 끌리는 것일 뿐 막상 살 생각은 없는 게 아닌가요?"

"꼭 그렇지도 않아요. 그런 사람이 어느 정도 있을 수는 있는데, 고객이 되어 재방문해주는 사람도 많습니다."

나는 선입견 때문에 고객 모집 가능성을 차단했다는 사실을 깨달았다. 즉시 경품 기획을 해보니 곧장 월매출 1,000만 원을 훌쩍 넘었다. 그런 다음에는 뉴스레터 독자를 경품으로 모으는 전략으로 전환해, 어떤 경품을 내걸어야 응모자가 늘어날지를 연구했다. 그 결과 일본 전체에서 상위에 랭크될 만큼 독자를 모으는 데 성공했다.

선입견에 매몰되어 가능성을 외면해서는 안 된다. 경품 응모자는 '상품은 절대 사지 않겠다'라는 철칙을 세워두고 있는 것이 아니다. 멋대로 이쪽에서 안 된다는 선입견을 가졌던 탓에 반년 정도를 헛되이 보냈다.

그렇다면 선입견인지 아닌지는 어떻게 판단할까? 역시 사전 조사가 중요하다. 같은 전략으로 성공한 사람을 찾아내서 끈질기게 물어보자. 그렇게까지 해서 안 된다면 그 나름대로도 성장을 위한 발판이 될 것이다.

어쩌다 리더가 되었다면

후천적 리더의
성공법

'에이스'와 '캡틴'과 '감독'의 차이
다섯 명 중 한 명은 리더가 되는 시대
후천적 리더가 취해야 할 리더십
프로에게 인정받는 리더야말로 진짜 리더다
60대에 늦게 꼴핀 리더 '간디'

'에이스'와 '캡틴'과 '감독'의 차이

에이스는 실무 수준에서 업무를 가장 잘하는 사람, 캡틴은 리더로서 팀원들을 이끌어가는 사람, 감독은 작전을 세우고 팀원을 뽑는 사람이다. 경영자나 고위관리자는 감독이다. 중간관리자나 리더는 캡틴으로서 감독이 세운 작전에 따라 팀원을 이끌어가며 실현해간다. 에이스는 스스로 성과를 낸다. 때로는 후배를 지도하거나 지원한다.

이처럼 각각 적성이 다르다 보니 애초에 에이스에서 캡틴, 캡틴에서 감독이 되어 출세하는 경우는 흔하지 않다. 직무형 채용의 경우 적성을 보고 에이스는 처음부터 에이스, 캡틴은 처음부터 캡틴, 감독은 처음부터 감독으로 채용된다. 급여도 에이스와 캡틴, 감독 모두 다르다. 대부분 회사에서 에이스가 그대로 캡틴이 되는데 잘되지 않는 경우가 많다. 에이스와 캡틴은 별개의 능력이 필요하기 때문이다.

다섯 명 중 한 명은 리더가 되는 시대

리더십은 타고나는 경우가 많다. 학창 시절에도 주변 친구들을 모아 재미있는 일을 기획하고 적극적으로 움직이는 사람이 있었을 것이다. 누가 말하지 않아도 리더 역할을 받아들였다면 리더 자질이 있는 것이다.

하지만 사회인이 되면 리더 자질이 없어도 리더가 될 수 있다. 오늘날의 사업 구조를 생각한다면 어떤 회사에서든 5~6명 중 한 명은 리더가 되어야 한다. 그래서 리더 경험이 없는 사람에게 리더를 맡기면 여러 가지 문제가 생긴다. 이제까지 열심히 업무를 하던 온화한 사람이 리더가 된 순간 마구 으스대는 경우도 생긴다.

예전에 어떤 사람을 관리직으로 승진시키자 다른 사람처럼 변한 것을 본 적이 있다. 이제까지 묵묵히 일하던 사람이 "나는 이런 자잘한 업무는 할 필요가 없다"라며 부하직원에게 업무를 통째로 내던지는 것이었다. 또 "부하직원에게 모양 빠지는 걸 보여줄 수 없다"라며 자신의 실수를 인정하지 않는 모습도 보였다.

후천적 리더가 취해야 할 리더십

사회인이 되고 나서 처음으로 리더가 된 사람은 원래 리더형이 아니다. 리더십을 타고난 사람은 사회인이 되기까지 몇 번쯤은 리더를 경험했지만, 그렇지 않은 사람은 사회에서 어쩔 수 없이 처음 경험하는 경우가 많다. 어떤 조직이든 5~6명 중 한 명꼴로 리더를 두게 되면 타고난 리더가 부족하다. 그래서 타고난 리더가 아닌 사람을 리더 자리에 앉히고 리더로 육성할 수밖에 없는 것이다.

여러분의 리더십이 인정받아 리더를 맡은 것이 아니다. 리더로 육성하기 위해 일단 앉혀진 상태다. 여기서 리더로 활약하기 위해 '나를 따르라!', '나에게 맡겨라!' 같은 타고난 리더의 흉내를 내서는 안 된다. 유감스럽게도 현시점에서 여러분은 그럴 만한 그릇이 못 되니 공회전할 수밖에 없다.

프로에게 인정받는 리더야말로 진짜 리더다

선천적 리더가 아닌 여러분은 후천적인 리더로서 성장해야 한다. 후천적 리더는 '나를 따라라!'가 아닌 '숨은 조력자'다. 자기가 선두에 서는 것이 아니라 팀원이 실수한 것을 묵묵히 수습하고, 팀원이 싫어하는 일을 솔선해서 실행하며, 팀원의 책임을 자기가 진다. 다시 말해 '귀찮은 일은 내가'의 법칙에서 설명한 '해야 하지만 아무도 하지 않는 귀찮은 일'을 하는 것이다.

따라서 리더가 막 된 무렵에는 주변에서 칭찬이나 좋은 평가를 받지는 못한다. 그러나 묵묵히 일하다 보면 상사나 우수한 팀원 중에서 '저 사람이 있어서 조직이 잘 돌아간다'라고 깨닫는 사람이 나타난다. 그때 비로소 그저 눈에 띄는 리더가 아닌 '프로에게 인정받는 리더'가 되는 것이다.

프로에게 인정받는 리더야말로 진짜 리더다. 계속 이렇게 해나가다 보면 후천적 리더가 선천적 리더를 뛰어넘을 수 있다. 앞으로 여러분은 선천적 리더의 흉내를 내는 것이 아닌 숨은 조력자가 되어 훌륭한 리더로 성장하도록 하자.

60대에 늦게 꽃핀 리더 '간디'

리더로서의 재능이 20대에 꽃피는 사람이 있는가 하면, 70대에 꽃피는 사람도 있다. 예를 들면 간디(1869~1948)가 그렇다. 런던에서 변호사 자격을 취득한 뒤 22세에 고향 인도로 돌아왔지만 울렁증 때문에 법정에서 변론도 하지 못했다. 또한 상대편을 배려하는 따뜻한 마음 때문에 말이 제대로 나오지 않아 법정에서 도망치듯 나오곤 했고, 결국 '변호사 실격'이라는 낙인이 찍혔다.

그 후 간디는 남아프리카공화국으로 건너갔다. 당시 남아프리카공화국은 영국의 식민지였기에 많은 사람이 차별을 받았고 간디 역시 굴욕적인 취급을 받기도 했다. 그는 열차의 일등칸에 타고 있었는데 역무원에게 화물칸에 타라는 말을 들었다. 간디는 일등칸 표를 샀다며 거부했지만, 경관이 억지로 열차에서 끌어내렸다. 이 이야기는《간디 자서전》에 상세히 적혀 있다. 그가 남아프리카공화국에서 일한 시간은 21년에 이른다. 그동안 그는 공민권 운동에 참여하는 등 조금씩 성장해나갔다.

나중에 인도로 돌아와 영국의 지배와 부조리함에 대해 비폭력 저항 운동을 전개한 시기는 45세 이후이고, 소금 행진 후 체포되는 등 독립운동을 중심으로 활약한 시기는 61세 이후다. 위대한 리더가 원래부터 카리스마가 있는 것은 아니다. 젊었을 때는 평범해도 수많은 경험을 거쳐 리더로 성장한다. 한 인간에게 잠재된 능력이 언제 꽃을 피울지는 모를 일이다.

◆

나와 에조에 사장의 차이는 어디서 생겨났을까? 곰곰이 생각해본 결과 '이 세상에서 누구에게 무엇을 전하고 있는가?' 말고는 차이를 발견하지 못했다. 커뮤니케이션으로 연결되는 인간사회에서는 결국 '누군가에게 뭔가를 전하는 것'으로 모든 것이 결정된다. 적절한 사람에게 적절한 내용을 전하는 사람은 성공하지만 그렇지 못할 경우 성공하지 못한다. 이 점을 생각하고 행동하는 것이 인간 사회에서 성공하는 방법임을 깨달았다.

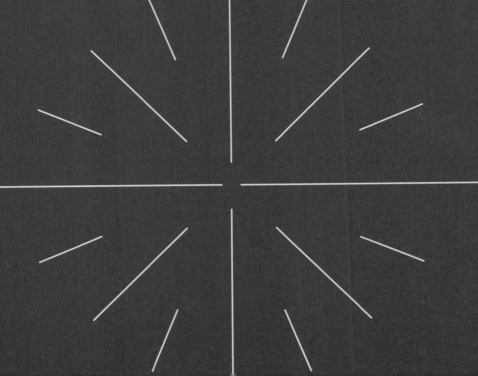

5장

성공한 사람의
기본 사고 알고리즘

그들이 말하고 생각하는 대로

성공 DNA를
복제하라

성공한 사람과 나는 무엇이 다른가?

나는 누구에게 무엇을 전하고 있는가?

누구나 쉽게 성공할 수 있는 시대

성공한 사람의 사고 알고리즘은 널려 있다

성공 알고리즘을 복제하는 법

성공한 사람과 나는 무엇이 다른가?

리크루트의 신입사원으로 오사카 난바 영업소에 근무하고 있을 때의 일이다. 창업자인 에조에 히로마사 사장이 별안간 찾아왔다. 이미 사장직에서 물러났지만 직원들에겐 신과 같은 존재였다. 그를 본 첫인상은 '꽤 작은 분이시구나'였다. 아마 키가 160센티미터 전후였던 것 같다. 흰머리가 많고 키 작은 아저씨였다.

하지만 에조에 사장은 약간 우쭐하듯이 "실은 내가 말이죠, 이 빌딩에 전에도 와본 적이 있어요"라고 말했다. 나는 놀랐다. 당시 난바 영업소는 리크루트의 자사 빌딩이었다. 이 작은 아저씨는 자기 빌딩에 와본 적이 있다며 자랑할 정도로 수많은 빌딩을 소유하고 있는 것이다. 그리고 나는 그가 소유하고 있는 수많은 빌딩 중 하나에서 묵묵히 일하고 있는 일개 직원이었다.

거의 모든 동물 사회에서는 몸집이 큰 개체가 무리를 지배하지만 인간 사회에서 몸집의 크기는 스포츠 선수가 아닌 이상 상관이 없다. 신체적으로는 분명히 내가 에조에 사장보다 몸이 더 크고 젊으니 우위에 있고, 에조에 사장이나 나나 하루가 24시간이라는 점은 다르지 않다. 즉 겉으로 볼 때 내가 에조에 사장보다 뒤처진 것은 무엇 하나 없었다. 그러나 현실에서 이 작은 아저씨는 대기업의 수장이었고 나는 그 회사의 말단 직원이었다.

성공한 사람과 그렇지 않은 사람을 가르는 것에 신체적 차이나 나이와 같은 요인은 전혀 관계가 없다는 것을 새삼 깨달았다.

나는 누구에게 무엇을 전하고 있는가?

그렇다면 나와 에조에 사장의 차이는 어디서 생겨났을까? 곰곰이 생각해본 결과 '이 세상에서 누구에게 무엇을 전하고 있는가?' 말고는 차이를 발견하지 못했다. 커뮤니케이션으로 연결되는 인간 사회에서는 결국 '누군가에게 뭔가를 전하는 것'으로 모든 것이 결정된다. 적절한 사람에게 적절한 내용을 전하는 사람은 성공하지만 그렇지 못할 경우 성공하지 못한다.

이 점을 생각하고 행동하는 것이 인간 사회에서 성공하는 방법임을 깨달았다. 에조에 사장은 이 점을 잘 실천해왔기 때문에 성공했을 것이고, 나는 아직 그렇지 못하고 있기 때문에 성공하지 못한 것이다. 반대로 말하면, 이것만 잘 실천하면 누구든지 성공할 수 있지 않을까?

이후 나는 '사람이 성공할지 성공하지 못할지는 물리적 요인과 관계가 없다', '누구에게 무엇을 전할지를 적절하게 실천하면 성공할 수 있다'라는 생각으로 일을 해왔다. 성공한 사람을 보면서 '저 사람은 ○○라서 잘됐을 뿐이야'라며 시기하는 사람은 거들떠보지 않고 에조에 사장을 보고 깨달았던 것을 우직하게 실천하려고 노력했다.

누구나 쉽게 성공할 수 있는 시대

인터넷 시대가 되면서 사람과의 커뮤니케이션이 '대면'에서 '온라인'으로 바뀌었다. 코로나19로 원격 근무가 여기저기 보급되었고 SNS의 영향으로 일반인이 핵심 인물과 직접 이야기할 기회도 늘었다.

현대의 많은 업무는 잘 생각해보면 PC나 스마트폰으로 키보드를 치고 클릭하든지, 온라인에서 누군가와 이야기하든지 둘 중 하나다. 많은 사람이 똑같은 행동을 하는데, 성공하는 사람과 성공하지 못하는 사람이 있는 것은 왜일까? 현대의 성공하는 사람과 그렇지 않은 사람의 차이는 잘 생각해보면 마우스를 어떻게 움직이고 무엇을 클릭하고 키보드 버튼의 무엇을 누르고 줌에서 누구와 무엇을 이야기하고 있는지의 차이밖에 없다.

마우스를 사용하고 키보드를 치고 줌을 사용할 수 있다면 성공하는 사람을 따라잡기란 쉬운 일이다. 즉 누구에게 무엇을 이야기하는지가 마우스와 키보드 조작으로 바뀐 것이다. 여기에 현대의 성공 비결이 있다.

성공한 사람의 사고 알고리즘은 널려 있다

나는 에조에 사장을 보고 '누구에게 무엇을 전하고 있는지의 차이밖에 없다'라는 사실을 깨닫기는 했지만, 실제로 에조에 사장이 누구에게 무엇을 말하는지는 알 방법이 없었다. 그러나 온라인상의 커뮤니케이션은 그 내용이 기록으로 남는 경우가 많다. 사적인 메일을 입수하기는 어려워도 SNS 같은 공개된 곳에서 성공한 사람을 인터뷰한 글이나 동영상은 언제든지 다시 볼 수 있는 상태로 기록되어 있다. 즉 성공한 사람의 사고 알고리즘이 무료로 공개된 것과 마찬가지다.

바로 이것을 철저하게 보자. 성공한 사람에게서 출력된 것을 모조리 입력하자. 그가 쓴 글을 읽고, 만든 이미지를 보고, 말하는 영상을 보자. 그리고 무엇 하나 빠뜨리지 말고 몇 번이고 철저하게 그 사람을 따라 하는 것이다. 이렇게 하면 말하고 생각하는 방식이 성공한 사람과 비슷해지고, 그의 습관이 몸에 배일 무렵에는 사고 알고리즘이 비슷해진다.

성공한 사람과 똑같이 말하고, 똑같은 것을 클릭하고, 줌에서 똑같은 상대방에게 똑같은 것을 말한다면 자신이 따라 한 사람과 똑같이 성공해 있을 것이다.

성공 알고리즘을 복제하는 법

성공한 사람의 사고 알고리즘에 자기다움을 없으면 성공한 사람을 뛰어넘을 수 있다. 이를 OS와 앱의 관계로 설명하면 인간이 지닌 능력의 '기초적인 사고방식이나 토대'를 OS, '기술적인 기법'을 앱으로 가정할 수 있다.

먼저 자신의 OS를 성공한 사람의 OS로 교체한다. 그러려면 먼저 성공한 사람의 사고방식, 토대를 익혀야 한다. 앞서 설명했듯이 요즘은 성공한 사람의 OS가 인터넷상에 잔뜩 공개되어 있다. 그 글을 읽고 영상을 보라. 철저하게 하면 성공한 사람과 분위기가 비슷해지고 말버릇이 비슷해진다. 그리고 그 무렵에는 사고 알고리즘도 비슷해진다. 성공한 사람의 OS를 집에서 쉽게 복사할 수 있으니 요즘만큼 쉽게 성공할 수 있는 시대는 없다고 하겠다.

그런 다음 자신의 경험, 사고방식, 스킬이라는 앱을 설치한다. 똑같은 스킬이라도 OS가 다르면 원래와는 다른 성능이 나온다. 여러분이 더 좋은 앱을 가지고 있다면 원래 성공한 사람보다 더 성공할 수 있다. 성공하지 못한 자신의 OS(사고 알고리즘) 위에 성공한 사람의 앱(스킬)을 아무리 설치해봐야 제대로 기능하지 않는다. 애초에 토대가 다르기 때문이다.

대부분 사람은 이를 이해하지 못하고 무작정 스킬만을 익히려 하니 전혀 성과가 나지 않는다. 또 성공한 사람의 OS를 완전히 설치하지 못했는데 자신은 '성공한 사람의 OS 설치 완료'라고 굳게 믿고 자신의 앱을 넣어버리는 실수를 하기도 한다. 이런 사람은 언뜻 잘될 것 같지만 실패한다. 정말로 성공한 사람의 OS를 완전히, 잘 설치했는지 판단해야 한다.

나도 일찍이 많은 성공한 사람으로부터 OS(사고 알고리즘)를 복사했다. 그리고 나만의 독창적인 앱을 얹음으로써 원래 성공한 사람을 뛰어넘었다. 반대로, 내 OS를 복사하고 자기 앱을 얹은 다음 나를 뛰어넘어 성공한 사람도 있다.

세상의 성공한 사람은 이런 식으로 만들어진다. 집에 있으면서 성공한 사람의 사고 알고리즘을 쉽게 복제할 수 있는 시대다. 성공하고 싶다면 성공한 사람이 만들어지는 시스템을 이해하는 것이 중요하다.

성장할 것인가, 숙달될 것인가

나를 버릴
용기

성장과 숙달의 차이

성장과 숙달의 차이

성장과 숙달은 다르다. 성장이란 '이상적인 자신'을 향해 나아가기 위해 스스로 과제를 설정하고 공부나 연습을 통해 그때까지 가지고 있지 않았던 스킬을 익히는 것이다. 한편 숙달은 '남에게 부여받은 업무'를 몇 번이고 소화하면서 스킬을 높이는 것이다. 성장의 경우 어떤 스킬을 익히는지는 '이상적인 자신'이 결정한다. 숙달의 경우 어떤 스킬을 얻는지는 '타인(상사 등)'이 결정한다.

성장을 떠올릴 때 지금의 자신에게 여러 가지를 덧붙이는 것을 떠올리기 쉬운데, 이는 성장이 아닌 숙달이다. 성장은 이상적

그림 21 성장과 숙달의 차이

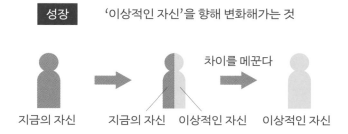

성장 '이상적인 자신'을 향해 변화해가는 것

차이를 메꾼다

지금의 자신 지금의 자신 이상적인 자신 이상적인 자신

지금의 자신을 옭아매는 생각과 습관에서 벗어나
이상적인 자신에게 필요한 스킬을 익힌다

숙달 '지금의 자신'에게 여러 가지를 덧붙이는 것

지금의 자신 지금 자신의 연장선상에 있는 스킬을 익힌다

인 자신과 지금 자신의 차이를 메꾸는 것으로, 덧붙이는 것이 아닌 변화가 필요하다(그림 21).

숙달은 어디까지나 지금 자신의 연장선상이라서 그다지 달라지지 않는다. 하지만 성장한 사람은 아예 다른 사람처럼 되어 있는 경우도 있다. 성장하기 위해서는 지금의 자신이 가지고 있는 것을 미련 없이 버려야 한다. 지금의 자신을 유지한 채로는 절대로 달라지지 않는다.

'지금의 자신'에서 '이상적인 자신'이 되기 위해 무엇이 성장을 방해하고 있는지 살펴보면서 선입견이나 마음의 굴레가 있다면 과감히 벗어나는 것이 중요하다.

최고를 원한다면 반드시 필요한

일류를
알아보는 눈

명품과 모조품을 구분하는 방법

일류에는 본래의 가치가 있다

일류를 알아보는 눈은 경험에서 나온다

업계 1위와 만년 2위의 사고방식

일류가 되고 싶다면 일류를 가까이하라

'찐'만이 살아남는 세상

명품과 모조품을 구분하는 방법

연예인들을 모아놓고 어떤 것이 진짜 명품인지 알아맞히는 한 TV 프로그램에서는 명품과 모조품을 구분하는 방법을 알려준다. 여러분은 명품과 모조품의 차이를 구분할 수 있는가?

어떤 만화는 '명품 도자기의 구분법'을 소재로 다루기도 했는데, 도자기의 세계에서 명품은 몇천만 원, 몇억 원이나 하지만 아마추어로서는 만 원짜리 그릇과의 차이를 거의 알지 못한다. 숙련된 감정사가 되려면 몇 년 또는 몇십 년이 걸릴 수 있다.

그런데 이 만화에는 단 일주일 만에 명품과 모조품을 구분할 수 있게 되는 방법이 실려 있었다. 주인공은 먼저 명품이라 불리는 찻잔을 많이 준비했다. 그리고 제자에게 진짜로 차를 마시는 것처럼 찻잔의 입을 대는 부분에 입술을 갖다 대게 했다. 이를 6일 동안 계속하다가 7일째에 찻잔 중에 모조품을 섞었다. 그러자 제자는 모조품을 입술에 갖다 댄 순간 어색함을 느끼고 "이건 다르다"라며 한 번에 알아맞혔다. 이 만화를 보고 나는 명품을 알아보는 두 가지 방법을 알게 되었다.

일류에는 본래의 가치가 있다

이 만화에서는 찻잔의 가치를 '누가 만들었는가?', '생김새가 예쁜가?', '어떤 역사가 있는가?'라는 주변부의 가치가 아닌 '기분 좋게 차를 마실 수 있는가?'라는 본래의 가치로 판단하고자 했다. 애초에 찻잔의 가치는 '찻잔으로서 뛰어난 것'이 출발점이다. 그리고 찻잔을 원하는 사람이 나타나고 그 수가 일정 이상이 되면 공급량이 수요를 맞출 수 없다. 그렇게 되면 프리미엄이 붙어 가격이 올라간다.

따라서 시작은 역시 '찻잔의 기능으로서의 가치'다. 일류라 불리는 것은 본래의 기능이 일류라서 일류가 된 것이다. 사용자가 좋은 것인지 아닌지 느끼는 판단 기준이 가장 중요하다.

나는 인터넷의 B2C용 신규 서비스를 보면 잘 팔릴지 아닐지를 한눈에 알 수 있다. 그때도 '한 사람의 사용자로서 사용하기 편한가?'라는 관점에서 본다. 아무리 유명하고 사람들의 기대를 한 몸에 받으며 시작된 서비스라도 편의성이 낮으면 본래의 가치는 낮아진다. 유명 기업이 시작한 서비스나 TV 광고를 대량으로 내보내고 있는 서비스라도 효용성이 나쁘면 사용자는 금세 떠나간다. 일류에는 '본래의 가치'가 있어야 한다.

일류를 알아보는 눈은 경험에서 나온다

이 만화에는 또 한 가지 포인트가 숨겨져 있다. 바로 명품을 계속 만지다가 모조품에 닿는 순간 어색함을 느꼈다는 점이다. 모조품을 계속 만지다가 명품에 닿는 순간 어색함을 느꼈다는 게 아니다. 명품을 계속 만지다 보면 안목이 높아져 모조품과의 차이를 차츰 깨닫게 된다. 하지만 모조품을 계속 만지고 있어서는 안 된다.

명품을 계속 만지다 보면 명품과 그 외 물건을 금방 구별할 수 있다. 개인적인 이야기를 하자면 나는 원래 옷에 관심이 없어서 저렴한 옷을 입었다. 솔직히 3만 9,000원짜리 청바지와 20만 원짜리 청바지의 차이를 알지 못했다.

'옷감이나 디자인의 차이겠지만 3만 9,000원짜리도 다채로운 옷감이나 디자인이 있으니 그중에서 충분히 고를 수 있지 않을까? 그것만으로 다섯 배의 가격 차이 같은 게 있는 걸까? 20만 원짜리 청바지를 사는 사람은 '브랜드'가 드러나 자신이 있어 보이기 위해 사는 것이다. 하지만 브랜드명 같은 것은 이름표를 봐야 알 수 있는데, 겉옷으로 가려져 있다면 그 20만 원의 가치는 소용없는 게 아닐까? 무엇을 위해 3만 9,000원으로 살 수 있는 청바지를 20만 원을 주고 사는 걸까?'

이렇게 생각했기 때문에 줄곧 3만 9,000원짜리 청바지를 샀다. 하지만 결혼해서 아내가 내 옷을 고르게 되고 이때부터 20만 원 정도의 청바지를 사게 되었다. 솔직히 3만 9,000원짜리 청바지와 차이를 알 수 없는 청바지에 20만 원이나 내자니 고통스러웠다. 하지만 아내의 말을 들어야 했기에 입는 옷들이 조금 비싼 것으로 채워졌다.

그렇게 청바지는 20만 원 정도 되는 것만 입게 되었는데, 그랬더니 어느 날엔가 3만 9,000원짜리 청바지를 입으면 금세 어색함을 느끼게 되었다. 20만 원짜리 청바지를 입으면 몸에 꼭 붙지 않으면서도 실루엣이 살았지만 3만 9,000원짜리 청바지는 몸에 딱 달라붙었다. 3만 9,000원짜리 청바지만 입을 때는 20만 원짜리 청바지와의 차이를 알지 못했지만, 20만 원짜리 청바지를 입다 보니 3만 9,000원짜리 청바지와의 차이를 알 수 있게 된 것이다.

업계 1위와 만년 2위의 사고방식

내가 예전에 근무했던 리크루트는 일본에서 업계 1위를 달리던 기업이었다. 당시에 나는 이렇게 생각했다. '업계 1위는 그들이 왜 1위인지를 알고 있다. 하지만 2위 이하인 회사는 왜 1위가 되지 못하는지를 알지 못한다.'

마침 이 업계의 2위 회사에 고교 시절 같은 반이었던 친구가 근무하고 있었다. 어느 날 그 친구로부터 "너희 회사가 업계 1위인 건 때마침 우리보다 빨리 진출했기 때문이야"라는 말을 들었다. 이 말을 듣는 순간 나는 이 차이가 영원히 메꿔지지 않을 것임을 알았다.

단언컨대 리크루트와 업계 2위인 회사는 영업력에서 월등한 차이가 난다. 이 차이를 깨닫지 못하고 자기들이 만년 2위인 이유를 단순히 '타이밍'이나 '운'으로 파악하는 것이다. 실제로 이후로도 순위는 그대로 변함이 없었다.

1위인 회사는 1위가 되게 되어 있고, 2위인 회사는 2위가 되게 되어 있다. 1위에는 1위인 이유가 있고, 2위 이하에는 2위 이하가 되는 이유가 있다. 그리고 안타깝게도 1위는 2위 이하가 되는 이유를 이해할 수 있지만, 2위 이하는 1위인 이유를 이해하지 못한다. 1위가 되려면 1위 안에 들어가 1위의 상식에 물드는 것이 중요하다.

나는 취직 상담을 할 때 "작은 업계라도 좋으니 업계 1위인 회사로 가세요"라고 말한다. 1위인 회사에서 2위인 회사로 이직할 수는 있지만, 1위인 회사는 2위 이하인 회사에서 오는 이직자를 별로 받아주지 않는다. 같은 업계 2위 이하의 경험자보다는 다른 업계의 미경험자를 받아들인다는 사실을 나는 알려주고 싶었다.

그런데 왜 그런 걸까? 같은 업계에서 2위 이하에 있었다는 것은 업계 2위 이하의 상식에 물들어 있어 1위의 상식을 이해하지 못할 가능성이 크다. 그렇다면 차라리 상식에 물들지 않은 미경험자의 잠재력에 기대하자고 경영자는 판단하게 된다.

일류가 되고 싶다면 일류를 가까이하라

사고방식에 타인이 미치는 영향은 생각보다 매우 크다. 일류의 사고방식을 갖추고자 한다면 실제로 일류인 사람을 만나고 가까이하는 것이 가장 좋다. 자신을 삼류라고 가정한 경우, 일류를 목표로 한다면 일류 이외의 사람을 만나서는 안 된다.

그중 제일 피해야 할 것은 이류인 사람이다. 삼류인 입장에서 이류인 사람은 자신보다 위이므로 직접적인 영향을 받기 쉽다. 한편 이류인 사람은 '언젠가 일류가 되지만 아직 이류인 사람'과 '만년 이류인 사람' 두 종류로 나뉜다. 전자를 만나는 것은 좋지만, 후자를 만나면 그 영향을 받아 아무리 시간이 지나도 일류가 되지 못한다.

삼류의 관점에서는 눈앞의 이류가 전자인지 후자인지 분간할 수 없다. 그래서 자신이 삼류인 동안에는 이류인 사람과는 만나지 않는 것이 제일 좋다. 시간이 지나 이류가 되어 일류가 될 이류와 만년 이류를 구분할 수 있게 된다면 어울려도 좋다. 최소 시간에 관점을 높이고 싶다면 '지금은 일류 이외와는 접하지 않겠다'라고 정하는 것이 중요하다.

'찐'만이 살아남는 세상

그렇다면 일류를 알면 어떤 이점이 있을까? 의외인 것은 일류를 알면 속아 넘어가지 않게 된다는 것이다. 세상의 좋은 것은 20퍼센트의 '정말로 좋은 것'과 80퍼센트의 '좋다는 말만 나오는 것'으로 나뉜다. '좋다는 말만 나오는 것'이란 권위 있는 사람이 좋다고 말한 경우가 많고, 그 근거 또한 다른 권위 있는 사람이 말했을 뿐이다. 대부분 사람은 좋다는 말만 나오는 것을 구매하고 결국 실패한다.

하지만 일류를 꿰뚫어 보는 눈이 생기면 좋다는 말만 나오는 것에 휘둘리지 않는다. 안목이 높아지면 살 가치가 있는 것은 의외로 적다는 사실을 깨닫는다. 그러면 이상한 것을 잘 사지 않게 되고, 저축도 할 수 있으며, 좋은 것을 조금 사서 오래 쓰겠다는 자세가 된다.

인터넷의 보급으로 다양한 상품·서비스의 실태가 밝혀지고 있다. 진짜가 아닌 상품·서비스의 본모습이 점점 드러나고 있다. 이제 '일류인 진짜'만 살아남는 시대가 된 것이다. 어설픈 테크닉이 없어도 진짜이기만 하면 입소문을 타고 점차 퍼져나간다. 진짜만 통용되는 시대에 일류를 배우고 발견하고 내 것으로 만들어야 할 것이다.

사람을 내 편으로 만드는 비결

예의 바르게
인사부터

부자들이 더 예의 바르다?
예의가 바르니까 부자가 되었다

부자들이 더 예의 바르다?

예전에 내가 초고층 임대 아파트에 살았을 때의 이야기다. 30층 짜리 초고층 아파트였는데, 이곳 입주자들에게 재미있는 법칙이 있다는 사실을 깨달았다.

일본의 경우 초고층 아파트라고 하면 집세가 엄청나게 비싸 다는 인상이 있는데, 모든 층의 집세가 높은 건 아니며 고층으로 갈수록 비싸고 저층일수록 싸진다. 수입의 어느 정도를 집세로 내는지는 개인차가 있지만, 입주자는 대체로 위층에 사는 사람일 수록 부자이며 아래층에 사는 사람은 그렇지 않은 것으로 생각한다. 그리고 내가 관찰한 바로는 이 아파트에는 각각 이런 사람들이 사는 것 같았다.

- 30~28층: 회사 또는 가게 사장들이 산다. 28층부터 갑자기 집세가 높아져, 27층과 28층은 같은 평수인데도 100만 원이나 차이가 나는 아파트였다. 28층 이상에 사는 사람은 아침부터 출근하는 모습은 없고, 언제 만나도 고급스럽고 편한 옷을 입고 있다 (정장 차림을 본 적이 없다).
- 27~14층: 비교적 고소득자인 직장인들이 산다. 모두 좋은 정장을 입고 좋은 차를 탄다. 능력이 있을 법한 분위기가 물씬 풍긴다.
- 13~2층(1층은 로비): 평범한 직장인들이 산다. 일반적인 직장인 가정이 살고 있다. 사치를 부리는 듯한 분위기는 없다.

초고층 아파트에서는 부자와 평범한 직장인이 같은 지붕 아래서 생활하고 있다. 그래서 사람을 관찰하다 보면 부자의 특징이나 평범한 직장인의 특징이 잘 보인다. 나는 엘리베이터나 로비 같은 곳에서 입주자를 만나면 "안녕하세요, 좋은 아침입니다"라고 인사한다. 내가 인사하기 전에 먼저 큰 목소리로 인사하거나 내가 먼저 인사하면 만면에 미소를 띠고 인사를 하는 사람이 있는가 하면, 무시하거나 젠체하는 태도로 묵묵부답인 사람도 있다.

그런데 부자와 평범한 직장인 중에 젠체하는 사람은 누구일까? 예의가 바른 사람은 누구일까? 이 아파트에서 관찰한 결과로는 부자일수록 먼저 인사하는 경향이 있다. 세간의 이미지로는 부자인 사람이 젠체할 것만 같은데, 실제로는 정반대로 부자일수록 예의가 바르다.

예의가 바르니까 부자가 되었다

처음에는 '부자니까 예의가 바르구나'라고 생각했는데, 그게 아니라 '예의가 바르니까 부자가 된 거구나'라고 느끼게 되었다. 부자인 사람의 인사는 단순히 인사에서 머물지 않고 시원시원하고 활기차게 "안녕하세요!"라고 인사해 기분이 좋다. 그런 인사를 받으면 나까지 기분이 좋아져 호감을 느낄 수밖에 없다. 즉 평소에 '내 편을 잘 만드는 생활'을 하는 것이다.

주변에서 호감을 받고 있으면 일도 잘되고 결과적으로 부자가 되기 쉽다. 반면에 인사를 해도 답이 없는 사람은 주변에서 호감을 받지 못하니 내 편도 생기지 않고 일도 잘되지 않는다. 결과적으로 부자가 되기 어려운 것이다. 흥미롭게도 이런 경향은 자녀에게도 영향을 미치는데, 고층에 사는 아이들은 자기가 먼저

"안녕하세요!"라고 인사한다. 그러면 나는 '이 아이도 장차 부자가 되겠지'라고 생각하면서 보게 된다.

자기 힘으로 부자가 되려면 호감도가 높아야 한다. 호감도가 높아도 부자가 아닌 사람이 있는데, 오랫동안 부자이면서 호감도가 높지 않은 사람은 별로 없다. 연예인도 스태프들 사이에서 평판이 좋지 않으면 지금 아무리 인기가 있어도 얼마 지나지 않아 망하게 된다.

알아두어야 하는 것은, 중요한 상황에서만 예의가 바를 게 아니라 평소에 예의가 발라야 한다는 점이다. 그렇게 하면 평범하게 생활하기만 해도 차츰 주변에 내 편이 늘어날 것이다. 이는 '때마침이 아닌 항상'의 법칙에서 소개한 A 군의 사례로도 증명된 바 있다.

친구와 생각도 연봉도 비슷한 이유

끼리끼리는
과학

환경으로 묶인 친구, 가치관으로 묶인 친구

친구에 따라 연봉도 달라지는 이유

꿈을 이룬 사람의 옆에 있으면 생기는 일

환경으로 묶인 친구, 가치관으로 묶인 친구

프로 스포츠 선수는 왜 연예인과 친구가 되는 경우가 많을까? 버라이어티 프로그램에서 연예인과 스포츠 선수가 평소에 교류하고 있는 것을 토크 내용을 통해서 알게 된 적이 있다. 연예인의 절친으로 스포츠 선수의 이름이 거론되거나, 스포츠 선수의 SNS에 연예인과 찍은 사진이 게시되기도 한다.

이런 궁금증을 가지고 있는 사람도 많을 것이다.

'애초에 연예계와 스포츠계는 다른 업계라서 말이 안 통하지 않을까?'

'스포츠 선수가 버라이어티 프로그램에 출연해서 연예인과 교류한다 해도 1년에 몇 번 정도겠지. 일상적으로는 팀 동료나 스태프와 지낼 텐데 연예인과 어떻게 절친이 되는 걸까?'

답은 정말로 단순하다. 서로 일류이기 때문이다. 엄밀하게 말하면 스포츠 선수와 연예인의 사이가 좋은 것이 아니라 일류 선수와 일류 연예인의 사이가 좋은 것이다.

친구에는 두 종류가 있다. 하나는 환경으로 묶인 친구다. 집 가까이에 있는 같은 초등학교에 다니는 같은 반 친구, 이웃에 사는 소꿉친구 등이다. 다른 하나는 가치관으로 묶인 친구다. 자신과 상대방의 가치관이 딱 맞아서 의기투합한다. 스포츠 선수와 연예인의 경우는 후자다. 자기가 사는 세계에서 일류이기 때문에 서로의 가치관에 더더욱 끌린다. 그리고 사고방식과 행동의 우선순위가 비슷하다. 즉 아주 비슷한 사고 알고리즘을 가지고 있다.

돌이켜보면 중학교나 고등학교에서도 그렇다. 공부를 열심히 하는 학생은 같은 반 친구보다 다른 반의 공부를 열심히 하는 친구와 사이가 좋고, 노는 애들은 다른 반의 노는 애들과 항상 같이 다닌다. 같은 반 친구보다 가치관으로 묶인 친구가 더 말이 잘 통하기 때문에, 즉 사고 알고리즘이 비슷하기 때문이다.

친구에 따라 연봉도 달라지는 이유

신기하게도 학창 시절에 가치관이 맞는 친구는 성적도 비슷했다. 공부를 열심히 하는 아이는 성적이 좋고, 노는 아이는 성적이 별로였다(예외적으로 열심히 놀아서 공부를 안 할 것 같은데 성적이 우수한 아이가 가끔 있었다). 이를 '동질화'라고 한다. 한 집단의 구성원들이 보이는 사고방식, 행동, 성과가 비슷해지는 것이다. 성인이 되면 동질화는 가속된다.

한 조사에 따르면 흥미롭게도 평소에 친한 친구 다섯 명의 평균 연봉을 계산하면 거의 자기 연봉이 된다고 한다. 여기에는 두 가지 이유가 있다. 하나는 '수입이 비슷한 사람과 친구가 되기 쉽다'라는 것이다. 다른 하나는 '원래는 달랐지만 가까이에 있는 사람과 점점 비슷한 연봉이 되어간다'라는 것이다. 즉 여러분도 친구에 따라 연봉이 달라질 수 있다는 뜻이다.

이는 이상한 일이 아니다. 사람의 행동은 그 사람의 가치관으로부터 만들어진다. 가치관은 주위 사람의 영향을 받는다. 꿈을 이루기 위해 노력하는 것은 당연하다고 공언하는 사람 가까이에 있으면 당연히 행동량이 많아진다. 반면에 꿈 같은 건 어차피 이뤄지지 않으며 노력 따위는 헛수고라고 여기는 사람들에게 둘러싸여 있으면 노력하지 않게 된다.

따라서 '내 인생을 바꾸고 싶어!', '이렇게 되고 싶어!'라고 생각한다면 이미 바뀌어 있는 사람과 친구가 되면 좋다. 자연스럽게 영향을 받고 이상을 향해서 행동하게 된다.

나는 상장 기업의 사장이라 "대단하시네요"라는 말을 들을 때가 있는데, 실은 내 친구들 사이에서는 조금도 대단하지 않은 일이다. 내 학창 시절의 친구, 선배, 예전 근무지의 동료 중에는 상장 기업의 사장이 많이 있기 때문이다.

내가 '상장 기업의 사장이 되겠다!'라고 강하게 바랐던 것은 아니지만 상장 기업의 사장이 되는 게 당연하다는 가치관을 지닌 선배와 친구에게 둘러싸여 지냈다. 그들의 사고 알고리즘을 당연한 기준으로 삼아 행동했더니 어느샌가 나도 상장 기업의 사장이 되어 있었다. 환경이라는 것은 정말로 무섭다.

꿈을 이룬 사람의 옆에 있으면 생기는 일

'친구 동질화 법칙'을 깨달은 다음에는 '이렇게 되고 싶다'라고 생각하면 실제로 그렇게 된 사람을 찾아 가깝게 지냈다. 그랬더니 내가 차츰 달라졌다. 나는 차례차례로 꿈이 솟아나는 유형이라 꿈을 이룬 사람이 친구가 되어주면 기분이 좋다. '자기 성장을 위해 성공한 사람에게 다가가는 건 추잡하지 않은가?'라고 생각하는 사람이 있을 수도 있는데, 그렇지 않다. 잘나가고 있는 사람의 인맥을 악용하거나 도움을 받기 위해 친구가 되는 것이 아니다. 그 사람의 가치관에 공감하고 친구가 되는 것이기 때문에 상대방도 좋아해주는 경우가 많다.

'나와는 잘 맞지 않아서 뭘 말해야 좋을지 모르겠다'라는 경우도 있을 것이다. 하지만 걱정하지 않아도 된다. 배우고 싶은 게 많으니 옆에 있게 해달라고 할 수 있다(다만 그러다 너무 거리가 가까운 사제 관계가 되어서는 안 된다). 친구라기보다 평소에 영향을 받는 거리에 있으면 된다.

만약 상대방의 행동에서 이상해 보이는 점이 있다면 바로 "왜 그렇게 했어요?"라고 물어본다. 그러면 이상으로 삼은 사람의 가치 판단 기준을 알 수 있고, 같은 기준을 가진 사람과 말이 통하는 상태가 된다. 그렇게 되면 비슷한 지인이나 친구가 늘어난다.

훌륭한 사람들에게 둘러싸여 있으면 점차 자신도 감화된다. 같은 유형의 사고 알고리즘을 익히면 자연스럽게 같은 성과를 손에 넣을 수 있게 된다.

사람들의 시선으로부터 자유로워지는
호불호
7 대 3의 법칙

호불호는 7 대 3으로 나타난다

국민 가수에게도 안티 팬은 있다

미움받지 않으려면 더 큰 것을 잃는다

직장에서 미움받는 것을 두려워하지 마라

'내가 즐거운지 아닌지'를 먼저 보라

호불호는 7 대 3으로 나타난다

살면서 여러분도 '남에게 미움받고 싶지 않다'라고 생각한 적이 있을 것이다. 그래서 화가 나거나 억울한 상황에서도 자신의 감정을 억누르거나 참았던 적도 있었을 것이다. 하지만 그렇게 해서 여러분의 노력은 보상받았는가?

나는 남에게 미움받아도 그다지 신경 쓰지 않는다. 아무리 좋은 사람이라도 일부 사람에게는 반드시 미움받기 때문이다. 만약 여러분 말고 세상에 10명밖에 없다고 하자. 그러면 여러분에 대한 그 10명의 감정은 다음 중 어느 하나에 해당한다.

· 7명은 '그럭저럭 호감', 3명은 '그럭저럭 비호감'

· 9명은 '그럭저럭 호감', 1명은 '매우 비호감'

· 1명은 '매우 호감', 9명은 '그럭저럭 비호감'

· 3명은 '매우 호감', 5명은 '관심 없음', 2명은 '매우 비호감'

'호감인 사람 수×호감의 정도'와 '비호감인 사람 수×비호감의 정도'는 대체로 7 대 3의 비율이 된다. 남들로부터 자신에게 향해지는 힘(사람 수×정도)의 70퍼센트는 호감의 힘이고, 나머지 30퍼센트는 비호감의 힘이다. 이를 '호불호 7 대 3의 법칙'이라고 한다.

이 균형은 거의 깨지지 않는다. 사람에 따라서는 30퍼센트의 비호감을 피하려고 노력하는데, 기본적으로 7 대 3이라서 비호감의 힘을 3분의 1로 낮추면 호감의 힘도 3분의 1로 낮아진다.

국민 가수에게도 안티 팬은 있다

그렇다면 누구에게나 사랑받는 인기인의 경우는 어떨까? 이때도 7 대 3이란 비율은 달라지지 않는다. 하지만 연예인의 경우 강렬한 안티 팬이 존재할 수 있다. 일본의 국민 가수 A 씨는 직접 작사·작곡한 멋진 노래를 수없이 히트시켰다. 그가 성공한 이유는 단순히 재능뿐만 아니라 치열하게 노력해서 꾸준히 좋은 음악을 만들어냈기 때문이었을 것이다. 게다가 싹싹한 성격으로 호감도도 높고 스캔들도 전혀 없어 전국민적인 인기를 얻었다. 누구나 그런 사람을 싫어하는 사람은 없을 것이다.

하지만 역시 안티 팬은 있는 법이다. 내 친구의 친구(B라고 하자)는 음반 회사에서 근무했고, A의 담당자였다. 친구가 "A의 담당이라니 부럽다"라고 말하자 B는 "내 앞에서 A라는 이름은 꺼내지도 마! 그 이름을 들으면 속이 안 좋을 정도니까"라고 말했다고 한다.

친구 : 왜 그래?

B : A는 분명 멋진 사람이야. 발표하는 작품, 자기 캐릭터에 대해 신념이 있고 전혀 타협이 없어. 그러니 매번 그렇게 좋은 작품이 만들어지지.

친구 : 대단하지 않아? 그런데 왜 그 이름을 들으면 속이 아파지는데?

B : 그걸 주위에도 요구하니까. 그의 작품은 그가 중심이 되어 만들어지는데, 결코 혼자서 만드는 게 아니야. 나도 포함해 주위 사람도 그의 작품 제작에 열심히 매달리지. 하지만 그는 우리 스태프에게도 완벽을 요구해. 우리가 밤새워서 만들었어도 그가 요구하는 수준에 도달하지 않으면 몇 번이고 다시 만들라고 해. 몇 번이나 '이제 이 사람과는 일하고 싶지 않아'라고 생각했는걸.

친구 : 좀 심하네.

B : 그래서 A는 성공할 수 있었던 거야. 우리를 배려해서 타협한 작품을 만들었다면 팬에 대한 배신 행위고 지금의 지위는 얻을 수 없었겠지. 그걸 알고 있는 스태프는 무슨 일이 있어도 그를 따라야 해. 나도 속이 아프다고 생각하면서도 일단은 따르고 있어. 하지만 경험이 별로 없는 스태프 중에는 그를 욕하면서 금방 관두고 나가는 사람도 있지.

A는 젊은 스태프를 배려해서 미움받지 않도록 행동해야 할까? 하지만 그렇게 한다면 수준이 낮은 작품밖에 만들어내지 못하게 되고, 지금까지 쌓아온 많은 팬과 지위를 놓아줘야 할 수도 있다. 즉 스태프의 비호감을 줄이면 팬으로부터의 호감이 줄어들어 7 대 3의 비율을 유지한다.

미움받지 않으려면 더 큰 것을 잃는다

예전에 나는 어떤 사람에게 엄청난 미움을 받았다. '왜 그에게 미움받을까?', '어떻게 하면 미움받지 않을까?' 생각하면서 열심히 방법을 찾았다. 그리고 그와 차분히 대화해보니 그는 자기보다 일을 잘하는 남성을 싫어한다는 사실을 알았다. 그에게 미움받지 않으려면 그보다 일을 못하거나 여성이 되는 방법밖에 없었다.

그렇게까지 해서 그에게 호감을 얻을 필요는 없다고 깨달은 나는 그동안 무척 헛된 노력을 하고 있었음을 알았다.

그런 한편으로 잃어버린 것도 컸다. 그에게 미움받지 않기 위해 여러 가지로 노력했던 것이 주위의 신용을 떨어뜨렸다. 내 모습이 어떤 사람에게는 알랑거리는 것처럼 보이기도 했고, 어떤 사람에게는 신념이 없는 사람으로 비치기도 했다. 나는 어느샌가 내가 받는 호감의 총량을 줄이고 있었던 것이다.

그때부터 나는 '미움받는다고 해서 꼭 내가 나쁘거나 틀린 것은 아니다. 앞으로는 남들이 좋아하든 싫어하든 스스로 올바르다고 생각하는 것을 관철하자'라고 결심했다. 그렇게 했더니 남들이 나를 좋아하는지 싫어하는지를 전혀 신경 쓰지 않게 되었다.

자기 자신이 옳다고 생각하면 이를 싫어하는 사람이 있어도 된다. 남에게 미움받지 않기 위해 자기 자신을 잃어버리거나, 스스로 옳다고 생각하지 않는 것을 하는 게 훨씬 더 나쁘다.

직장에서 미움받는 것을 두려워하지 마라

그렇다면 업무에서는 누구에게 호감을 받아야 할까? 미움받는 것을 두려워해서 부하직원에게 강하게 말하지 못하는 중간관리자는 고위관리자의 호감을 받지 못한다. 직원에게서 미움받는 것을 두려워하는 사장은 고객으로부터 호감을 받지 못한다. 모두에게서 호감을 받는 것은 불가능하므로 누구에게 호감을 받아야 할지 스스로 정해야 한다.

'내가 즐거운지 아닌지'를 먼저 보라

'남들이 어떻게 생각하는지'를 신경 쓰지 않으면 마음은 평온해진다. 사장이라는 직업상 보통 사람에 비해 많은 사람에게 호불호의 감정을 받기가 쉽다. 또 오래 경영하다 보면 했던 일이 때마침 잘되어 주위에서 추켜세워줄 때도 있다. 그럴 때는 '추켜세워주기 시작하는 걸 보니 슬슬 나를 강렬하게 싫어하는 사람이 나타날 전조구나'라고 생각한다. 또 주위 사람이 심하게 반발하거나 나쁜 감정을 갖는 상황이 되면 '내 영향력이 또 하나 커졌구나(영향력이 적으면 애초에 상대해주지 않으니 미움받을 일도 없다)'라고 생각한다.

결국 남들이 좋아하든 싫어하든 그저 '현상'이라고 생각하게 되었다. 누구에게도 미움받지 않는 것이 불가능하기에 모든 사람에게서 미움받을 일도 없다. 자기답게 자기가 옳다고 생각하는 삶의 방식이면 된다. 타인의 감정에 휘둘리는 것이 아닌, 자신의 감정이 즐거운지 아닌지를 기준으로 살아가면 된다.

얼마 버는지보다 어떻게 쓰는가

돈으로 행복을
사는 법

마음이 가난한 부자들

돈은 액면가보다 균형이 중요하다

돈 앞에서 여유로울 수 있는 두 가지 비결

행복은 돈으로 살 수 있다

마음이 가난한 부자들

"여러분은 바쁩니까?"라고 물어보면 대부분 사람은 바빠서 시간이 없다고 한다. 그리고 "여러분은 돈이 충분히 있습니까?"라고 물어보면 돈에 좀 더 여유가 있으면 좋겠다고 답한다. 업무를 수작업으로 하던 수십 년 전에 비하면 여러 가지 전자 제품이나 사물인터넷IoT, Internet of Things이 보급되면서 시간이나 돈에 여유가 생겼을 텐데, 왜 시간도 돈도 부족한 걸까? 그 이유는 최근 수십 년 만에 인간은 돈이나 시간을 만들어내는 일은 훨씬 잘하게 되었지만 돈이나 시간을 쓰는 것은 전혀 잘하지 않기 때문이다.

어느 대부호에게 들은 에피소드가 있다.

"나는 월급쟁이일 때는 연봉이 3,000만 원이었어요. 1년 생활비가 3,010만 원이 들어 늘 10만 원이 부족했지요. 이런 생활은 지긋지긋하다고 생각해 작심하고 창업해 10년 걸려 연봉 5억 원이 되었어요. 하지만 1년 생활비가 5억 10만 원이 들어 역시 10만 원이 부족하더군요."

대부호는 웃으며 말했지만, 그 후로 여러 부자를 연구하면서 보니 의외로 부자 중에는 가난한 사람이 많다는 사실을 알게 되었다. 달 중순쯤에 만나면 아무렇지도 않게 거금을 펑펑 쓰면서 떵떵거리지만 월말이 되면 돈이 부족하다며 "10만 원만 빌려줘! 사흘만 있으면 1,000만 원이 들어와. 그러면 바로 갚을 테니까"라고 한다. 이런 사람은 부자일까, 가난한 사람일까? 어느 쪽인지 가늠할 수 없는 사람이 세상에는 많다.

돈은 액면가보다 균형이 중요하다

어떤 돈 전문가에게 이 이야기를 하니 그는 "돈은 액면가보다 균형이 중요하다"라고 가르쳐주었다. 대부분 사람은 수입의 액면가가 늘어나도 강하게 의식하지 않으면 돈 사용처의 비율은 달라지지 않는다. 예를 들어 월수입 200만 원인 사람의 지출 비율을 알아봤더니 다음과 같았다고 하자.

- 예·적금 10퍼센트: 20만 원
- 집세 등 30퍼센트: 60만 원
- 식비 15퍼센트: 30만 원
- 의류 등 15퍼센트: 30만 원
- 기타 30퍼센트: 60만 원

이 사람의 월수입이 300만 원으로 오르면 지출 비율은 다음과 같이 된다.

- 예·적금 10퍼센트: 30만 원
- 집세 등 30퍼센트: 90만 원
- 식비 15퍼센트: 45만 원
- 의류 등 15퍼센트: 45만 원
- 기타 30퍼센트: 90만 원

각 비율이 유지된 채 거의 균등하게 액면가가 늘어난다. 만약 매달 수입 지출이 마이너스인 사람은 수입이 늘어나도 결국 마이너스인 상태가 된다. 마이너스 비율이 변하지 않으니 마이너스의 액면가가 늘어나는 것이다.

따라서 돈이 부족하다고 생각하면 지금처럼 돈을 사용하는 한 아무리 지나도 여유는 생기지 않는다. 반대로 돈의 사용법이나 비율을 바꾸면 수입이 늘어나지 않아도 여유가 생긴다.

돈 앞에서 여유로울 수 있는 두 가지 비결

돈이 많든 적든 여유를 가지는 비결은 두 가지가 있다.

1. 수입이 늘어난 경우

가령 수입이 30만 원 늘었다고 하자. 그 30만 원을 현재의 사용처에 균등하게 배분해 전반적으로 조금씩 사치를 부리는 식으로 사용하면 안 된다. 집세, 식비 등 현재 상태로 문제가 없는 부분은 그대로 유지한다. 그리고 저금이나 기타 '여유를 느끼는 부분'에 30만 원의 대부분을 투입한다. 그러면 상당한 여유를 느낄 수 있다.

2. 수입이 늘지 않은 경우

자신이 수입이 더 적었을 무렵의 돈의 사용처 비율, 액면가를 적어본다(아마 비율 자체는 그다지 달라지지 않았을 것이다). 돈의 사용처 중 '그렇게까지 불편함을 느끼지 않았다'라는 부분은 예전의 액면가로 떨어뜨린다. 그리고 남은 만큼을 예·적금이나 기타 '여유를 맛보기 쉬운 부분'에 다시 배분한다. 처음에는 고통스럽겠지만 금방 익숙해진다. 그리고 돈의 여유를 느끼기 시작한다.

비즈니스 경험을 쌓아가다 보면 나름 경지에 도달한다. 여러 가지 사물을 보는 방식이 달라지는 것이다. 예를 들어 의자 하나를 보더라도 앉는 부분과 축으로 되어 있고, 각각 소재를 조달하고 가공해 조합함으로써 자신의 눈앞에 존재하기까지의 과정이 훤히 들여다보인다. 그리고 각각의 과정에 관여한 사람들의 노고와 노력에 대해 이것저것 상상해보면 내 주변의 사물과 주위에 '고맙다'라는 감사의 마음이 솟아난다.

그렇게 하다 보면 물건을 허투루 다루지 않고 불필요한 것을 사는 일이 생기지 않는다. 돈을 낭비해서 쓰지 않게 되니 다시 돈이 늘어난다. 부자는 사실 이런 과정으로 만들어지는 것이다.

행복은 돈으로 살 수 있다

끝으로 나는 '행복은 돈으로 살 수 있다'라고 생각한다. 자기만족이라고 해도 타인을 도울 수 있는 것을 행복이라고 느낀다면 돈으로 살 수 있는 행복은 존재한다. 난치병, 큰 병에 걸린 사람을 직접 고쳐줄 수는 없어도 치료비의 일부를 내줄 수는 있다. 지진 피해로 집을 잃은 사람에게 집을 만들어줄 수는 없어도 집을 살 돈을 내줄 수는 있다. 불황으로 경영이 힘들어진 회사를 대신 일으켜 세워줄 수는 없어도 자금을 제공해줄 수는 있다.

코로나19가 만연한 가운데 자기 힘으로 감염 확산을 막을 수는 없어도 최전선에서 애쓰고 있는 의료 종사자에게 기부할 수는 있다. 매일 생활을 위해 힘든 일을 하는 사람에게 일을 그만하게 하고 생활비를 지원할 수는 있다. 돈으로 행복을 직접적으로는 사지 못하더라도 불행은 피할 수 있다고 생각한다.

시간을 장악한 사람만이 아는 것

행복은
지금 여기에

시간이 충분히 있는데도 늘 바쁘다면

지금 당장 FIRE를 그만두어라

바쁨을 제어하는 비결

행복은 우리의 발밑에 있다

시간이 충분히 있는데도 늘 바쁘다면

창업하기 전에 직장을 관두고 2년 정도 저금만으로 생활했던 시기가 있었다. 잠자는 시간도 아껴가며 직장을 다니던 무렵에는 하루 10분 짜내는 것조차 빠듯한 생활을 보냈다. 그런 생활을 그만두었으니 '앞으로는 시간이 충분히 있다. 마음껏 잘 수 있는 생활을 하겠어! 지금까지 시간이 없어서 하지 못했던 것도 잔뜩 할 거야'라며 단단히 마음먹었다. 하지만 완전히 긴장이 풀린 나는 자고 싶을 때 자고 일어나고 싶을 때 일어났으며, 배가 고플 때 밥을 먹고 보고 싶은 비디오를 보면서 본능이 이끄는 대로 살았다.

그랬더니 충분히 있다고 생각했던 시간이 의외로 없다는 사실을 깨달았다. 24시간을 매일 멍하니 지내다 보니 순식간에 끝나버렸다. '바쁨'의 수준이 내려가 버렸다. 아침부터 밤까지 하던 일이 있는 상태였던지라 어쨌든 시간의 여유를 가지고 싶어서 회사를 관두었더니, 이번에는 하루 한 가지 용건만 있어도 바쁘게 느껴졌다. 일어나고 싶은 시간에 일어나고 먹고 싶을 때 먹다 보니 저녁 6시에 한 건의 용무만 있을 뿐인데도 순식간에 외출할 시간이 되어버렸다. 나 자신이 시간을 사용하는 능력이 엄청나게 떨어졌다고 느꼈다.

지금 당장 FIRE를 그만두어라

나는 일했을 때의 시간 사용법을 유지한 채로 퇴직했다. 퇴직 후 빈 시간을 다른 데 썼다면 의미 있게 여유 있는 생활을 할 수 있었을 것이다. 하지만 일단 시간이 충분히 있다고 마인드셋을 해버렸기 때문에 그전에는 단시간에 할 수 있었던 일도 질질 끌게 되었다. 결국 해야 할 일을 하지 못하고 시간이 없다, 바쁘다고 느끼게 되었다.

내 경험상 24시간은 본능이 이끄는 채 빈둥빈둥하면서도 최소한 해야 할 일을 하기에는 너무 짧다. 따라서 최소한 해야 할 일을 한다고 생각하면 본능이 이끄는 채로 빈둥빈둥 지내는 것은 휴일에만 하는 편이 좋다.

　요즘 파이어족이라는 말이 젊은 사람들 사이에서 유행하고 있다. 파이어FIRE란 'Financial Independence, Retire Early'의 앞 글자를 딴 말로, 직역하면 '경제적 자립과 조기 은퇴'다. 나는 경제적 자립은 좋지만 조기 은퇴는 하지 않는 편이 좋다고 생각한다. 인간은 해야 할 일이 없으면 정말 아무것도 하지 않게 되고 정신 상태도 불안정해진다. 지인 중에도 파이어족인 사람이 몇 명 있는데 내가 볼 땐 별로 즐거워 보이지 않는다.

바쁨을 제어하는 비결

결국 '바쁨'이란 물리적인 업무량이 아니라 주관에 좌우되는 것이다. 똑같은 작업량이라도 어떤 사람은 바쁘다고 느끼고, 어떤 사람은 한가하다고 느낀다. 예전의 나였다면 바쁘다고 느끼지 않았는데, 지금의 나는 바쁘다고 느낀다. 따라서 '바쁨'은 생각하기에 따라 달라질 수 있다. 바쁨을 제어하는 효과적인 방법 두 가지를 소개하면 다음과 같다.

　1. 바쁘다고 느꼈다면 해야 할 업무량이나 작업량을 세 배로 늘린

다. 그런 다음 원래대로 돌아가면 한가하게 느껴진다.

2. 더 바쁜 사람을 본다. '바쁘다고 생각했지만 어차피 저 사람의 3분의 1이다'라고 생각하면 적어도 바쁨에 대한 초조함은 없어진다.

일찍이 일본의 인기 남성 듀엣 긴키키즈KinKi Kids의 멤버 도모토 고이치堂本光一는 TV 프로그램에서 다양한 자격증에 도전해 잇달아 자격증을 취득했다. 가요 프로그램, 버라이어티 프로그램, 드라마 촬영, 콘서트 등 바쁜 일정에도 틈틈이 공부해서 소형선박조종사 1급, 보일러취급기능사, 지게차운전기사 등 20가지 자격증을 취득했다. 도모토의 활약을 보면서 나는 '아무리 바쁘다지만 도모토보다는 바쁘지 않다. 더 열심히 하자!'라고 생각했다.

행복은 우리의 발밑에 있다

엄청난 거금이나 자유로운 시간을 손에 넣었다고 해서 돈과 시간에 여유가 생기는 것은 아니다. 돈과 시간에 여유를 가지려면 돈과 시간의 사용법을 마스터해야 하며, 그렇게 하면 지금 상태의 돈과 시간으로도 사람에 따라서는 충분히 여유를 느낄 수 있다. 어떤 성공한 사람이 이렇게 말했다.

"나는 일본 전국을 돌아다니면서 업무를 하고 있고 그럭저럭 성공했다. 그런 내가 제일 행복을 느끼는 순간은, 업무에 전력으로 임했던 하루가 끝나 호텔 방에서 맥주를 마시면서 프로 야구 뉴스를 볼 때다. 하지만 이는 성공하지 않아도 할 수 있는 것이다. 성공하면 행복해진다고 생각했지만 사실 행복은 우리 발밑에 있다."

발밑에 있는 여유를 깨닫는 것, 그것이 제일 사치스러운 것인지도 모른다.

지금의 나를 버리고 제로에서 시작하라

마지막까지 읽어준 여러분에게 감사의 말을 전한다. 지금까지 '성과=스킬×사고 알고리즘'의 황금 법칙을 소개했다. 단시간에 최대의 성과를 올리고 싶을 때 대부분 사람은 스킬만 연마하려고 한다. 하지만 스킬의 차이는 있어봐야 세 배다. 하지만 사고 알고리즘에서 오는 차이는 최대 50배나 된다. 이 사고 알고리즘을 장착하는 45가지 생각 습관을 정리한 것이 바로 이 책이다.

끝으로 내가 어떻게 사고 알고리즘을 만들었는지 아주 핵심만을 전하고 마무리하고자 한다. 기초 프로그래밍 문법 중에 'if 제어 구문'이라는 것이 있다. if란 '만약 ~이라면'이라는 의미의 영어 뜻 그대로 '만약 ~이라면 이 처리를 수행한다'라는 조건을 걸기 위한 구문이다. 나는 일상 업무를 '만약 이 경우에는 A', '만약 이 경우에는 B'처럼 조건을 붙여 생각하고 공식화해서 한 번 생각했던 것은 두 번 생각하지 않아도 되게끔 하고 있다.

예를 들어 여행과 출장 시 소지품 체크 시트는 거의 if 구문으로 되어 있다. 여행지만 하더라도 국내인 경우는 A 세트, 해외인 경우는 B 세트가 한 번만 터치하면 나오게끔 되어 있다. 업무에서도 직원에게 "이 경우는 어때?"라고 물어보면서 거기서 규칙성을 찾아내고 '이 경우에는 A', '이 경우에는 B'라는 알고리즘을 만들어간다.

평소에 알고리즘화를 해두면 매번 판단할 필요가 없어지고 연간 합계로 따지면 대폭적인 시간 단축으로 이어진다. 어떤 광고의 크리에이티브 미팅을 하고 있을 때 한 여성 직원이 "광고는 계절감이 중요하니까 3~4월은 이 핑크를 사용하는 게 어떨까요?"라며 연분홍을 제안했다. 나는 그 말에 동의했기에 핑크를 사용한 광고를 출고했다. 그런데 5월이 되자 그녀는 또다시 핑크 광고를 제안했다. 나는 반문했다.

"3~4월은 벚꽃의 계절이라서 핑크가 좋았던 것 아니었어? 5월은 왜 또 핑크야?"

"같은 핑크 계열이라고 해도 시기별로 사람들이 친근하게 느끼는 색은 다르거든요."

실물을 보여달라고 해서 봤더니, 확실히 똑같은 핑크이긴 한데 자세히 보니 달랐다. 바로 연어 빛깔 계통의 코럴 핑크였다. 같은 핑크라도 계절에 따라 사람들에게 호감을 주는 색은 다르다는 것을 알았다.

하지만 앞으로 광고를 만들 때마다 핑크의 미묘한 차이를 설명하다가는 시간이 걸릴 것이다. 그래서 '6월이면 어떤 핑크가 좋은지', '7월이면 어떤 핑크가 좋은지'를 회사 내에서 논의하고 1년간의 표로 만들었다. 그래서 색채 감각이 조금 약한 사람이라도 지금 몇 월인지를 확인하기만 하면 핑크를 효과적으로 응용해 사용할 수 있도록 했다.

이처럼 꾸준한 작업을 통해 이 책에서 소개한 사고 알고리즘을 만들어왔다. 모두에게 도움이 된다면 이보다 더 기쁜 일은 없을 것이다. 1장부터 4장까지는 다양한 사고 알고리즘을 소개하고, 5장에서는 성공한 사람의 기초적인 사고방식, 즉 OS를 복제해 자기 것으로 만드는 것에 관한 이야기를 했다. 나도 성공한 많은 사람으로부터 OS를 복제했다. 성공한 사람의 OS를 익히는 중에 조금이라도 궁금함이 생기면 "왜 그랬습니까?", "왜 그렇게 생각했습니까?"하면서 직접 본인에게 질문했다. 당사자를 만날 수 없는 경우는 그와 가까운 사람에게 물어봤다.

이 방법은 아주 주효했다. 창업 초기의 사업인 홋카이도 특산품 쇼핑몰이 궤도에 올랐을 무렵, 나는 홋카이도 특산품의 쇼핑몰 업계에서는 그럭저럭 유명해졌어도 이익은 그렇게까지 나지 않았다. 그럴 때 어떤 지인에게서 이런 말을 들었다.

"기노시타 씨는 이익이 나지 않는데도 유명해. 이건 별로 안 좋아."

"왜 그렇죠?"

"이익은 나지 않는데 유명해지다 보니 모두의 주목을 받고 매출을 올리는 방법이 세상에 그대로 드러나고 있어. 경쟁자가 늘어나면 금세 모방당할 거야. 돈도 못 버는데 경쟁사가 늘어나는 것은 최악이야!"

그러면서 그는 이렇게 덧붙였다.

"경영자로서 성공하려면 유명해지는 게 아니라 이익을 올리는 게 중요해!"

그때까지 나는 매출과 이익을 올리려면 인지도를 올려야 한다고 생각했다. 하지만 인지도는 사용자를 위해서만 올려야지, 사용자 이외에서 인지도를 올리는 것은 잘못되었다는 사실을 깨달았다. 나는 번개를 맞은 듯한 충격을 받고 사고방식을 근본부터 바꿔야 한다고 생각했다.

실제로 그 지인의 회사는 정말 많은 이익이 나고 있었는데, 어떻게 해서 매출을 올리는지는 완벽하게 베일에 가려져 있었다. 회사를 구경시켜 달라고 한 적도 있었지만 회사 이름이 적힌 간판도 없고 창문도 별로 없어 무엇을 하고 있는지 도무지 알 수 없었다.

그 후 애쓴 보람이 있었는지 우리 회사의 매출이 그 성공한 사람의 매출을 뛰어넘었다. 칭찬받고 싶은 마음에 그 지인을 우리 회사에 초대했다. 그런데 그는 회사를 전반적으로 훑어보더니 또다시 이렇게 말했다.

"매출은 우리의 1.5배가 되었지만 직원 수는 우리의 세 배군. 비효율적이야!"

매출은 우리 회사가 더 많았지만 이익은 그의 회사가 더 많았다. 나는 규모의 확대에 대해 깊이 고민하게 되었다. 이처럼 성공한 사람에게서 마치 샤워와 같은 가르침을 넌더리가 날 정도로 받으면서 내 OS를 차츰 바꿔갔다. 나보다 더 큰 성과를 내면서 생각이 다른 사람을 만날 수 있었던 것은 정말로 행운이었다.

상대방의 생각을 이해할 수 있을 때까지 계속 듣다 보면 놀라운 발견이 뒤따른다. 대부분 사람은 현재의 자기 자신을 너무 소

에필로그

중히 여긴다. 현재 상태의 OS를 견지하면서 거기에 덧붙여가는 식으로 성장하려고 한다. 하지만 이는 어떻게 보면 자신감이 없다는 반증일 수 있다. 내 존재 가치는 어디에 있는 걸까? 주변 사람에게 무엇을 요구받고 있는 걸까? 어떻게든 지금의 자신을 인정하려 하면 한 줌밖에 되지 않는 자기 것조차 버릴 수 없게 된다. 하지만 두려워하지 말자. 지금 있는 것을 일단 제로로 하더라도 앞으로 많은 것을 손에 넣을 수 있기 때문이다. 여러분에게 찾아올 기회는 무궁무진하다. 하지만 인생은 유한한 법이다. 지금 바로 시작해보자!